学生国学丛书新编

主编 王 宁
顾问 顾德希

淮南子

沈 洪 选注
张小玲 校订

商务印书馆
The Commercial Press

学生国学丛书新编

主　　编：王　宁
顾　　问：顾德希
特约编辑：刘丽群
审　稿　组：党怀兴　董婧宸　凌丽君
　　　　　　赵学清　周淑萍　周玉秀

总序之一
——在阅读中走近中华优秀传统文化

王 宁

王云五、朱经农主编的《学生国学丛书》,是一套为中学生和社会普及层面阅读古代典籍所做的文言文选本。它隶属在王云五做总主编的《万有文库》之下,1926年开始陆续由商务印书馆出版。20世纪20年代开始策划时,计划出60种,后来逐渐增补,到1948年据说已经出版了90种;因为没有总目,我们现在搜集到的仅有71种。由于今天弘扬中华优秀传统文化和提高文言文阅读能力的社会需要,我们决定对这套丛书进行适应于现代的加工编辑,将它介绍给今天的读者。

在推介这套丛书的时候,我们保存了原编的主要面貌:选书与选篇基本不变,将原书绪言保留下来,每篇选文原注所选的注点,也作为这次新编的重要参考。这样做是为了尽量借鉴前贤的一些构思和做法,并保留当时文言文阅读水平的基本面貌,作为今天的参考。

《学生国学丛书》是本着商务印书馆"昌明教育,开启民智"的一贯宗旨编选的,阅读群体应当主要是当时的中学生。20年代的中学生阅读文言文的水平显然比今天高一些,因为那时阅读文言文的社会环境与现在不同,虽然白话文已经通行,但书信、公文、教科书和报刊中,都还保留了不少文言文。国文课的师资,很多也是在国学上有一些根柢的文士。在知识界和语文教育界,文言文阅读还不是什么难事。今天,文言文阅读水平既关系到继承和弘扬中华优秀传统文化的效能,又关系到现代社会总体人文素质的提高,应当达到什么程度最为合适?民国时期是可以作为一个基准线的。

《学生国学丛书》体现了20世纪之初一些爱国的出版家和教育家把中华优秀传统文化传承给下一代的情怀、理想和实干精神。他们策划这套丛书的宗旨和编则,可资借鉴的地方很多,他们的实践经验、教育精神和国学学养值得我们学习的地方也很多。这一点,是我们了解了丛书的主编和40多位编选者的情况后感受到的。

丛书的主编王云五、朱经农,都是我国20世纪初爱国、革新的出版家。王云五主编《万有文库》,开创了我国图书出版平民化的新纪元,体现了新文化运动中普及文化教育的先进思想。《学生国学丛书》是《万有文库》里专门为中学生编选的,目的是将弘扬民族文化精华的理念带入初等教育,这在当时不能不说是有远见的。两位主编不论在反对封建帝制的革命中,还是在民族危难的救国图强斗争中,都有可圈可点的事迹,值得钦佩。与两位主编合作的40多位编写者,多是辛亥革命的参与者和新文化运动的前沿人物。他们熟悉古代典文,对中国文化理解通透,领悟深刻,又有强烈的反封建意识;其中很多都在中小学教育领域里有过丰富的实践经验,教过国文,编过教材,研究过教法。这里有我们十分熟悉的教育家和文学家,如我国现代教育特别是语文教育的领军人物叶绍钧(他后来的名字是叶圣陶),新文化运动的先驱者、中国革命文艺的奠基人之一、著名作家茅盾(他当时的名字是沈德鸿,后来为大家熟悉的姓名是沈雁冰)。这两位,多篇作品都被收入中学语文课本,20世纪50年代以后的老师、同学是无人不知的。其他如著作丰厚、名震一时的藏书家胡怀琛,国学根柢深厚、考据功底极深、《中国人名大辞典》《中国古今地名大辞典》的主要编写人臧励龢,我国语文教育的改革家庄适等。

20世纪初的中国社会,多种文化思潮纷纭杂沓:改良主义者提出"师夷制夷""严祛新旧之名,浑融中外之迹"的折中主张;历史虚无主义者在"全盘西化"的徽帜下将西方的一切甚至文化垃圾照单全收；殖民主义文化论者叫嚣中国道德一律低级粗浅，鼓吹欧洲人生活方式总体文明高超；另一方面，封建复辟野心家的代言人则一味复古，用古代的文化糟粕来抵抗新文化的建构。这些，都对比出爱国的出版家、学问家、教育家既要固本又要创新的理想和实践精神的可贵；也让我们认识了新文化运动及革命文学的前沿人物坚守教育阵地的不懈努力，懂得了他们的编纂意图和深厚学养。保留丛书主要面貌，就是对他们成果的尊重和信任。

随着中华优秀传统文化的广泛传播，随着中小学语文教学改革的深入发展，在读书成为教师、家长和渴求文化的大众普遍要求之时，文言文阅读将会是其中一个重要的内容。有人说，文言只是一种古代的书面语，口语交际和现代文本已经不再使用，我们为什么还要学习文言文呢？在推介这套丛书的时候，我们有必要来回答这个问题。

文言是古代知识分子和正统教育使用的书面语言，具有超越时代、超越方言的特性，因而也同时具有了记载数千年中华民族灿烂文化的主要功能，它是与中华民族文明史共存的。许慎《说文解字叙》说汉字的作用是"前人所以垂后，后人所以识古"，这两句话即是对汉字记录的文言说的。我国历史悠久，文化遗产丰富，用文言记录的历史文献，用文言撰写的文学作品，多到不可计数，只有学习它，才能从古知今，以史为鉴。文言所记录的，不仅是古代社会的典章制度和政治经济，还有先贤哲人的人生经验和思想哲理，让我们看到中华民族一代又一代人的智慧。想想看，如果我们及早领会了古人"斧斤以时入山林"的采伐规则，便不会过度开发建材，造成那么多秃山荒岭，把气候搞得这样糟糕。我们读过也理解了"今之孝者是谓能养。至于犬马，皆能有养。不敬，何以别乎"这段话，就会在对待长者时，把他们的尊严看得和他们的生计同等甚至更加重要！"防民之口甚于防川""水能载舟亦能覆舟"，这是对阻塞言路者多么深刻的警醒。在道德重建的今天，中国传统道德中"己所不欲勿施于人"的利他主义，"爱民""富民""民为重"的民本思想，"以不贪为宝"的清廉品德，"志士不忘在沟壑，勇士不忘丧其元"的大义凛然态度，"吾日三省吾身"的自律精神，"君子怀刑"的守法意识，……这些，即使在今天的一般阅读中，也已经深入人心。可以想见，进入深度阅读后，我们一定会受到更多的启迪，在阅读中产生更多的惊喜。著名的国学大师、革命家和思想家章太炎，1905年7月15日在东京留学生欢迎会上演讲时说："近来有一种欧化主义的人，总说中国人比西洋人所差甚远，所以自甘暴弃，说中国必定灭亡，黄种必定剿绝。因为他不晓得中国的长处，见得别无可爱，就把爱国爱种的心,一日衰薄一日。若他晓得,我想就是全无心肝的人,那爱国爱种的心,必定风发泉涌,不可遏抑的。"阅读文言文,就是要使我们具有这种文化自信。是的,遗产是有精华也有糟粕的,古代的未必都适合今天;我们只有真正读懂文典,将历史面貌还原,再有了正确的价值观,才能辨析断识,而不是道听途说,更不会受人蛊惑。在这个意义上,文言文阅读作为吸收中华优秀传统文化的必要途径,绝不是可有可无的。

文言文阅读是产生汉语正确语感的一个重要源泉。汉语不是一潭死水,从古到今,不知吸收了多少其他民族的词汇和句法,也曾经夹杂着很多不雅甚至不洁的成分;但是,文言经过数千年的洗涤、锤炼,已经渐渐将切合者融入,不切合者抛弃。经过大浪淘沙、优胜劣汰而能流传至今的美文巨制,会更加显现汉语的特点。而现代汉语刚刚一个世纪,在根柢不深、修养不佳的人们的口语里、文辞中,常常会受外语特别是英语的影响,受不健康的市井俚语的侵染,产出一种杂糅的语言。我们想在运用现代汉语时真正体现出汉语的特点,比如词汇丰富、句短意深、注重韵律、构造灵活等,提高用健康、优美的汉语表达正确、深刻的思想的能力,文言会带给我们一些天然的汉语语感。热爱自己的本国语言,不断提高运用汉字汉语的能力,这是每一个人文化素养中最重要的表现；克服语言西化、杂糅的最好办法，是在学习规范、优美的现代汉语的同时，对文言也有深入的感受和体验。

文言文阅读还是从根本上理解现代汉语的重要条件。人们都认为现代汉语与文言差别很大，初读时甚至感到疏离隔膜、难以逾越。其实，汉语是一种词根语，词汇和语义的传衍非常直接，文言中百分之七十的词汇、词义，在现代汉语的构词法里都能找到。在书面语里，文言单音词的构词能量有时会比口语词更强。经过辗转引用积淀了深厚文化底蕴的典故、成语，成为使用汉语可以撷取的丰富宝库。如果我们对文言一无所知，是很难深入理解现代汉语的。有些人认为，在语文教学中现代文阅读和文言文阅读是两条线，其实，在词汇积累层面上，应该把它们并成一条线。学习文言与学习现代汉语，在积累词汇、理解意义、体验文化、形成语感方面是相辅相成的。

在推介《学生国学丛书》的时候，我们也有另外一重考虑。这套丛书毕竟经过了将近一个世纪，时代和社会都发生了根本的变化，我们有了更加明确的核心价值观和适应于现代的审美意识，语言、文字、文学、文献、教育都有了更新的研究成果，对丛书进行适度的改编，也是绝对必要的。所以，这次新编，我们主要做了五项工作：第一，为了今天在校学生和普通读者阅读的方便，改竖排为横排，标点符号也随之改为现代横排的规范样式。第二，变繁体字为简化字，在繁简转换的过程中，对在文言文语境中有可能产生意义混淆的用字，做了合理的处理。第三，采用今天所见较好的古籍版本对原书的选文进行了审校，订正了文句的错、讹、脱、衍。第四，对原书的注释进行了修改、加工、调整，使注释更加准确、易懂，对地名和名物词的解释，也补充了最新的资料。第五，撰写了新编导言，放在原书绪言的前面。原编者和新编者对同一部书和同一篇文的看法，或所见略同，或相辅相成，或角度各异，或存在分歧，都能促进阅读者的思考和讨论，引发延展性学习，带动更多篇目和整本书的阅读。

《学生国学丛书》本来是一套开放的丛书，我们还会根据教学和读者的需要，补充一些当时没有被选入的优秀古代典籍的选本，使新编的丛书不断丰富。

我国每年有将近两亿的青少年步入基础教育，一个孩子有不止一位家长，这是一个多么庞大的读书群体。将一个世纪以前的《学生国学丛书》通过新编激活，让它走进一个新的时代，更好地发挥它在语文教育和弘扬我国优秀传统文化中的作用，这是我们之所愿，也希望能使编写这套书的前辈们夙愿得偿。

总序之二
——植入健康的文化基因

顾德希

优秀的传统文化是中国人的精神家园。学生多读些国学典籍,将有助于把优秀传统文化的基因植入肌体。王宁老师的"总序",对本丛书的这一编辑意图已有深入全面的阐释,我打算就如何阅读这套丛书,或者说如何阅读文言文,做些补充性说明。

这套丛书的每一本,都专门写了新编导言。这是今日读者和原书连接的桥梁。人们常把桥梁喻为过河的"方法",所以也可以说,新编导言之所谓"导",就是力图为各类学生和更多读者提供一些阅读的方法。

这套丛书有好几十本,都是极有价值又有相当难度的国学经典,如不讲究阅读方法,编辑意图的实现会大打折扣。但这些经典差异性很大,《楚辞》和《庄子》的

总序之二

阅读肯定很不同,《国语》和《周姜词》的阅读方法差别就更大,即使同是词,读《苏辛词》与《周姜词》也不宜用完全相同的方法。因此本丛书新编导言所提供的阅读方法,针对性很强,因书而异。但异中有同,某些共性的方法甚至更为重要。不过,这些共性的方法渗透在每一篇导言中,未必能引起足够重视。下面,我想谈谈文言文阅读的四个具有共性的方法。

一、了解作者和相关背景,了解每本书的概貌,对每本书的阅读都很重要,这毋庸置疑。但一般读者了解这类相关知识,目的仅在于走近这本书。因而涉及作者、背景、概貌等,导言中一般不罗列专业性强的知识,而诉诸比较精要的常识性叙述。比如对《吕氏春秋》作者吕不韦,并没有全面介绍,也没有像过去那样从伦理道德上对这个历史人物加以贬抑,而只侧重叙述了他作为政治家的特点,因为明乎此便很有助于了解《吕氏春秋》。又如《世说新语》的成书背景有其特殊性,也需要了解,但限于篇幅,叙述的浓缩度很大。凡此种种必要的常识,新编导言里一般是点到为止,只要细心些,便不难从中获得多少不等的启发。兴趣浓厚者,查找相关知识也很容易。

二、借助注解疏通文本大意之后,就要反复诵读。某些陌生的词句,更要反复诵读。一句话即使反复诵读二十遍也用不了两三分钟,但这两三分钟却非常重要。

"诵读"是出声音的读,但并不是朗诵。大家所熟悉的现代文朗诵,不完全适用于文言诗文。朗诵往往是读给别人听,诵读却是读给自己听。古人所谓"吟咏",是适合于当时人自己感悟的一种诵读。今天的诵读,用普通话即可,节奏、抑扬、强弱、缓急,都无客观规定性,可随自己的感受适当处理。如果阅读文言文而忽略了诵读,效果至少打一个对折。不念出声音的默读,是只借助视觉器官去感知;出声音的诵读,是把视觉、听觉都动员起来的感知,其所"感"之强弱不言而喻。而且一旦读出声音,就让声带、口腔等诸多器官的运动参与进来了,凡诉诸运动器官的记忆,最容易长久。会骑车的人,多年不骑,一登上车还是会骑。因为骑车的感觉是一种运动记忆。文言语感的牢固形成与此类似。古人所谓"心到、眼到、口到"之说,实在是高效形成文言语感的极好方法。不管是成篇诵读,片段诵读,还是陌生词句的反复诵读,都是提升文言文阅读能力的好办法。本丛书的每一篇新编导言并未反复强调"诵读",但各种阅读建议无不与某些片段的反复读相关。既读,就要"诵",这是文言文阅读的根本方法。

三、应用。这是与文言翻译相对而言的。把文言文阅读的重点放在"翻译"上,副作用很多。一是不可避免信息的丢失。概念意义、情味意蕴，都会丢失。课堂教学中让学生把一篇文言文从头到尾"对号入座"地搞翻译，是文言教学中的无奈之举。一句一句，斤斤计较于文言句法词法和现代汉语的异同，结果学生的诵读时间没有了，刻意去记的往往是别别扭扭的"译文"，而精彩的原文反倒印象模糊，这不是买椟还珠吗！所以，在疏通大意、反复诵读的同时，一定要重视"应用"。应用，就是把某些文言词句直接"拿来"，用在自己的话语当中。比如，在复述大意时，在谈阅读感受理解时，不妨直接援引几句原话。如果能把原文中的某些语句就像说自己的话一样，自然而然地穿插到自己的述说中，那就是极好的应用。本丛书新编导言中援引原作并有所点评、有所串释、有所生发之处很多，但绝不搞对号入座的翻译，这不妨看作文言文阅读方法的一种示范。新编导言中有很多建议，要求结合作品谈个什么问题，探究个什么问题，都不同程度地含有这种"应用"的要求。

四、坚持自学。这套丛书，为学生自学文言文敞开了大门。学生文言文阅读的状况永远会参差不齐。同一个班的高中生，有的已把《资治通鉴》读过一遍，有的能写出相当顺畅的文言文，但也有的却把"过秦论"读成"过奏论"，这是常态。只靠面对几十个人的文言课堂讲授，几乎不可能使之迅速均衡起来。只有积极倡导自主性学习，才可能有效提高教学质量。本丛书的新编导言，高度重视对文言自学的引导。每篇新编导言都就怎样去读提出许多建议。这些建议有难有易，不是要求每一个人全都照着去做。能飞的飞，能跑的跑，快走不了的慢走也很好。新编导言在"导"的问题上，从不同层次上提出不同建议，相信各类学生都能找到适合自己的要求。只要选择适合自己或者自己感兴趣的要求，坚持不懈去"读"，去"用"，文言文的自学一定会出现令人惊喜的成果。从这个意义上说，本丛书的每一本，都是适合于各类读者自学国学经典的好读本。每一本中经过精心处理的注解，是自学的好帮手；而每一篇新编导言，又都可对自学起到切实的引导作用。只要方法对，策略恰当，那么这套丛书肯定能帮助我们有效提高文言文阅读水平。

目前，在深化高中语文课改的大背景下，很多学校高度重视突破过去那种一篇篇细讲课文的单一教学模式，开始重视"任务群"的学习，重视整本书的阅读，重视选修课的开设，重视校本课程的建设。在这样的大背景下，如果学校打算从本丛书中选用几本当作加强国学教育的校本教材，那么"新编导言"对使用这本书的教师来说，也可起到某种"桥梁"作用。

不管用一本什么书来组织学生学习，都必须对学生怎样读这本书有恰当引导。这是提高教学质量的一定不移之理。恰当的引导，要有助于各类学生更好地进入这本书的阅读，要有助于各类学生更好地开展自主性学习，要使之在文本阅读中进行有益的探究，并获得成功的喜悦。为了使新编导言的"导"能起到这样的作用，本丛书专门组织了多位一线优秀教师先期进入阅读，并把成功教学经验融入新编导言。因此，我们有理由相信，新编导言可以成为组织学生学习活动的有益借鉴。导言中结合具体作品对阅读所做的那些启发、引导，针对不同水平读者分层提出的那些建议，都将有助于教师结合自己学生的实际情况进一步拟出付诸实施的具体导学方案。

我相信，只要阅读文言文的方法恰当，只要各类读者从实际情况出发，循序渐进地学，优秀传统文化的基因就一定能更好地植入肌体。

目　录

新编导言 …………………………………………… 1
原书绪言 …………………………………………… 7

俶真篇 ……………………………………………… 17
览冥篇 ……………………………………………… 43
精神篇 ……………………………………………… 61
齐俗篇 ……………………………………………… 78
道应篇 …………………………………………… 109
诠言篇 …………………………………………… 145
人间篇 …………………………………………… 168
要略篇 …………………………………………… 206

新编导言

在中华民族历史长河中,西汉是一个非常重要的历史时期,之前数千年文明在此得到总结与整合,也为此后两千多年中国传统社会发展确立了基本格局。汉初学者在继承先秦思想成果的基础上,努力探寻宇宙、人生之间的关系,《淮南子》就是在这一特定的历史文化背景下对先秦以来文化的一次大总结。《淮南子》(又名《淮南鸿烈》)是由西汉淮南王刘安招致宾客收集史料集体编撰而成的一部哲学著作。刘向、刘歆父子校订此书,定名为《淮南》,后世称《淮南子》或《淮南鸿烈》。《淮南子·要略》:"夫作为书论者,所以纪纲道德,经纬人事,上考之天,下揆之地,中通诸理。"《淮南子》研究天、地、人三者的大道理,以"观天地之象,通古今之事"为目标,融合各家之论,比较典型地反映了汉初的社会思潮和学术特点。它是中国古代思想文化的结晶,是我们考察上古思想文化的重要文献资料。

《淮南子》全书二十一篇,结构完整,体系严密,除《要略》篇以外(《要略》篇是全书的序言)，主要以"道"为主线，大体可以分为四个层次。位于全书之首的《原道》《俶真》两篇是全书的纲要，为第一层，主要陈说"道"的本质特征、起源、规律等。《天文》《地形》《时则》《览冥》《精神》《本经》六篇在全书起着承上启下的作用，为第二层，主要阐述"道"与自然以及人事之间的关系。其中《天文》《地形》《时则》三篇讨论自然，主要是对天、地、四时及宇宙构造的看法；《览冥》《精神》《本经》三篇讨论人事，主要讲宇宙的一般原则是如何与人的精神和本质相通。处于全书后半部分的《主术》《缪称》《齐俗》《道应》《氾论》《诠言》《兵略》《说山》《说林》《人间》《修务》十一篇，为第三层，是"道"在人间各个方面的具体实施。其中《主术》《缪称》《齐俗》《道应》《氾论》《诠言》《兵略》七篇主要讨论社会、政治等具体问题；《说山》《说林》两篇是格言性质的佳言隽语的汇集；《人间》《修务》两篇讨论人间之事。《泰族》篇为第四层，是全书的总结。

此编所选的八篇，选注者自云，"无非根据了选者主观的嗜好，并无若何深长之意义"。其中《俶真》篇探讨宇宙万物的起源及演化，主要以宇宙和人类的产生及发展演化的历史为主线。"俶"有"始"意，"俶真"指宇宙初始质朴的美好状态，即"道"的本真面目。《览冥》篇原题解云："览观幽冥变化之端，至精感天，通达无极，故曰'览冥'。"此篇主要探究自然与人类以及人类社会中万事万物间的相互关系。作者肯定事物之间是相互联系的，自然规律是客观存在的，人们必须按规律办事；但对许多无法解释的现象用"至精感天""通达无极"来解释，又缺乏一定的科学性。《精神》篇论述了生命来源、生命要素、生命价值，探讨精神与形体、外物之间的关系。作者认为精神对生命活动起支配作用，在精神与外物的关系上要以无为处事，不应以外物累身，《精神》篇也是《淮南子》养生论的核心篇章。《齐俗》篇原题解云："齐，一也。"俗，包括礼法、礼仪、风俗、习惯等。作者认为不同时代、不同国家、不同地域、不同民族，以及不同的个人，有不同的礼俗，但最终都"以道论者，总而齐之"，以"道"齐"俗"。《道应》篇是《淮南子》集中论道的篇章，作者采用讲故事的形式把深奥的哲理通俗化，可读性强。篇中五十多则故事，尽管大多有出处，但作者并非照搬，而是进行了取舍，很多片段描写十分精彩，对道家思想中抽象的哲理巧妙地进行了形象而具体的阐释。《诠言》篇的"诠"即详细的解释与阐明。此篇阐明精微之言以明事理，即用"道"去解释人事及治乱中的具体问题。《人间》篇主要讨论祸福，具体从主客观两方面阐述了祸福的根源。作者在阐释祸福产生的客观原因时，用丰富的事例论证了世界矛盾的复杂性，如是非、利害、得失、真伪、赏罚、成败等，论据丰富，层次清晰，说服力强。《要略》篇是全书的序言，也是全书的纲要。在序言里，作者详细地说明了本书的基本内容、写作目的、写作原则等。

淮南子

《淮南子》虽距今已有两千多年了，但全书可圈可点的地方很多，具有永恒的阅读价值。刘知几评价它"牢笼天地，博古及今"，胡适曾评价它是"绝代奇书"。书中所蕴含的思想观念，不仅在两汉时期产生了重大的影响，而且在当今时代也同样具有重要的启发意义，在此略述一二。

《淮南子》的治道观，如《诠言》篇："为治之本，务在于安民；安民之本，在于足用；足用之本，在于勿夺时；勿夺时之本，在于省事；省事之本，在于节欲；节欲之本，在于反性；反性之本，在于去载。"《淮南子》的治道观，首要强调的是"安民"，这里的"安民"是指社会秩序稳定，百姓生活安定，这是治国的目的。"足用与勿夺时"强调衣食住行是老百姓生存的根本，这在任何时代都必须强调。"省事节欲"强调社会安定，秩序良好，要节俭行事，不好大喜功，不奢侈浪费。"反性去载"即返回天性的根本在于抛弃外表的粉饰。《淮南子》主张，社会风气淳朴，主要源于虚静的人性，抛弃外表的粉饰就能达到虚静，如果人们追求浮华，就会遮蔽人性，社会就背离淳朴。

《淮南子》蕴含着人与自然和谐发展的观念。它强调要顺天意，遵时序，以时禁发，合理开发利用自然资源，要善待生命，保护野生动物资源。《主术》篇："故先王之法，畋不掩群，不取麛夭，不涸泽而渔，不焚林而猎。豺未祭兽，罝罦不得布于野；獭未祭鱼，网罟不得入于水；鹰隼未挚，罗网不得张于溪谷;草木未落,斤斧不得入山林;昆虫未蛰,不得以火烧田。孕育不得杀,鷇卵不得探,鱼不长尺不得取,兽不期年不得食。"《淮南子》蕴含的人与自然和谐发展的思想同当前我们所倡导的发展观是一脉相通的,可为当前生态环境保护及实施提供重要的借鉴。

《淮南子》书中返璞归真、静漠恬淡的生活方式是很多现代人内心深处所渴望的。《精神》篇:"人大怒破阴,大喜坠阳,大忧内崩,大怖生狂。"作者认为"大怒、大喜、大忧、大怖"皆有失平和,惟有心平气和,时刻持有平和的心态,并学会平衡自己的心态,才能宠辱不惊,从容淡定。

另外,从文学的角度来看,《淮南子》具有较高的语言艺术及文学成就。全书文辞丰富,文中运用了大量的修辞手法,如比喻、排比、对偶、顶真、夸张、引用、对比等。多种修辞的运用使得《淮南子》对"道"的论述生动有趣,也使《淮南子》的语言表达逻辑性强,富有变化,极大地提高了其语言的表现力与说服力。《淮南子》立意高远,结构严谨,它承袭了先秦散文的创作方法,成为散、韵结合的典范。文章虽以说理为主,但并不是空洞的说理,而是用丰富的思辨,以及大量的历史事例、神话、寓言等来揭示"理"。《淮南子》还保存了如"女娲补天""后羿射日""共工怒触不周山""嫦娥奔月"等诸多古代神话传说。整体来看,《淮南子》无论是在汉初文坛还是在整个中国文学史中,当居不可忽视的地位。

淮南子

《淮南子》以道家思想为主,糅合了儒、法、阴阳等家,《汉书·艺文志》把它列入"杂家"。它沿用了不少先秦时已有的术语,如"道""无为""德"等,但这些概念在《淮南子》里已被赋予了新的含义。《淮南子》是在继承前人学说的基础上,其思想有了新的发展,它虽然广泛吸收各家之论,但并非各种材料的拼凑,其思想是成系统的。该书是以道家思想为指导,吸收诸子百家学说,融会贯通而成,是战国至汉初黄老之学理论体系的代表作。高诱在《淮南叙目》里提到:"及古今治乱存亡祸福,世间诡异瑰奇之事。其义也著,其文也富,物事之类,无所不载,然其大较归之于道,号曰《鸿烈》。鸿,大也;烈,明也,以为大明道之言也。"胡适在《淮南鸿烈集解序》里也提到《淮南子》是"结古代思想之总帐者"。张双棣说:"(《淮南子》)是研究中国古代哲学、政治、军事、思想的重要典籍,也是探寻古代天文、历法、地理、物候、养生乃至文学、神话、民俗的宝藏。"《淮南子》广泛吸收各家思想,融合而为一家之言,它以兼包各家的综合性,具有先秦其他子书所没有的多元化色彩,该书在继承先秦道家思想的基础上,综合诸子百家学说中的精华部分,对后世研究秦汉时期文化起到了不可替代的作用。

总之,《淮南子》一方面保存了先秦灿烂的文化,另一方面也开启了两汉以后的文化。纵观全书,它也不可避免地存在着时代的局限性,那就是部分篇章中所体现出来的唯心主义,但这并不影响《淮南子》的阅读价值。

原书绪言

一

《淮南子》二十一篇，旧题汉淮南王刘安撰。据《汉书》（卷四十四），安"招致宾客，方术之士数千人，作为《内书》二十一篇，《外书》甚众；又有《中篇》八卷，言神仙黄白之术，亦二十余万言。……安入朝，献所作《内篇》，新出，上爱秘之"。则此书实系刘安所招的宾客合作，而归名于安，犹之《吕氏春秋》之称吕不韦撰。

安是淮南厉王长的长子，所以书中"长"字皆避讳作"修"。长是高祖之子，赵美人所生。文帝时，厉王有罪，徙蜀；厉王恚甚，道中不食而死，文帝悲悔，乃封长四子为侯，安为阜陵侯。时民间歌曰："一尺布，尚可缝；一斗粟，尚可舂；兄弟二人不相容。"文帝闻之曰："昔尧、舜放逐骨肉，周公杀管、蔡，天下称圣；不以私害公，天下岂以为我贪淮南地耶。"乃以淮南故地分封长三子（其一已死），安袭封淮南王。安为人好书鼓琴，善文艺；时武帝方好艺文，以安属为诸父，辩博善为文辞，甚尊重之，每为报书及赐，常召司马相如等视草稿，乃发。时武帝无子，大臣（田蚡）有与安结好，私谓曰："方今上无太子，王亲高皇帝孙，行仁义，天下莫不闻；宫车一日晏驾，非王尚谁立者？"而淮南宾客又多江淮间轻薄不逞之徒，以厉王迁死道中感激安。安由是蓄逆谋，与宾客左吴、赵贤、朱骄如等谋，皆以为什八九成。独伍被力阻，后亦赞从，为安画策。事未成，谋泄，被自首与淮南王谋反踪迹。武帝使宗正持符节治安，安自杀，国除为郡。事见《汉书》本传。

本传说，安招致宾客，作为《内书》二十一篇，《外书》甚众；又有《中篇》八卷，言神仙黄白之术，亦二十余万言。今考《汉书·艺文志》"诸子杂家"部著录《淮南内》二十一篇，《淮南外》三十三篇。（师古注："《内篇》论道，《外篇》杂说。"）又"赋"部著录淮南王赋八十二篇，淮南王群臣赋四十四篇。又"方伎天文"部著录《淮南杂子星》十九卷。又"易"部著录《淮南道训》二篇，注曰："淮南王安聘明《易》者九人，号九师说。""歌诗"部著录《淮南歌诗》四篇，或亦以为安作，然按"诗赋"部传曰："自孝武立乐府而采歌谣，于是有代赵之讴、秦楚之风，皆感于哀乐，缘事而发，亦可以观风俗知薄厚云。"则所谓《淮南歌诗》四篇，大约和同列的《燕代讴》《邯郸河间歌诗》《齐郑歌诗》一般，只是淮南的民间歌谣罢了，未必即为安之作品。淮南王本传言：武帝使安为

《离骚传》,且受诏,日食时上;此《离骚传》不见著录。《汉书·刘向传》言:向父德,于武帝时治淮南之狱,得其《枕中鸿宝苑秘书》,皆言神仙、黄金术、延命方等,向幼读之,后以为奇,进呈御览;然此书亦不见著录。今所存二十一篇,当即《汉书》所说的《淮南内》,又曰《内书》。高诱序里说:"又有十九篇者,谓之《淮南外篇》。"这十九篇大概就是《汉志》所谓《淮南外》三十三篇的残缺罢,但后世目录皆不载,似乎早已亡了。

高诱序里说:"……号曰《鸿烈》。鸿,大也;烈,明也,以为大明道之言也。……光禄大夫刘向校定撰具,名之《淮南》。"则似原名《鸿烈》,刘向始改题为《淮南》。然本书第二十一篇《要略》虽有"此鸿烈之泰族也"一语,而玩其文义,似为诠释《泰族》篇,未必即指全书;高诱云云,似属附会。晁公武《郡斋读书志》言许慎注本,首题"间诂",次题"淮南鸿烈",末记"许慎记上"。许、高皆后汉人,疑当时固通称"淮南鸿烈"。大约淮南王当日上此书时,单名曰《内》或曰《内书》;刘向校录时乃冠以"淮南"二字;至后汉时,复取《要略》篇中"鸿烈"二字,称《淮南鸿烈》。高诱所说原名《鸿烈》云云,多半是不可信的。迄后《宋史·艺文志》有《淮南子鸿烈解》二十一卷,"解"者注解之义,本甚显明,然因《宋史》于书名下直记"淮南王安撰"字样,后人不察,遂谓"鸿烈解"乃是书名,那就错得更利害了。据晁公武言,此书在宋时已少完本；今本亦多脱误，则早非本来面目了。

二

上面说过，此书系淮南王招致宾客所撰；然此等宾客姓名，《汉书》不详。直至高诱注书，序里乃说："天下方术之士多往归焉。于是遂与苏飞、李尚、左吴、田由、雷被、毛被、伍被、晋昌等八人，及诸儒大山、小山之徒，共讲论道德，总统仁义，而著此书。"把合撰此书的人名，详细列举，似甚可信。宋洪迈《容斋续笔》七说："寿春有八公山，正安所延致客之处；传记不见姓名，而高诱叙以为苏飞……等八人。然唯左吴、雷被、伍被见于史。雷被者，盖为安所斥，而亡之长安上书者，疑不得为宾客之贤也。"从这一段话里，我们可以推想：（一）淮南当日宾客中有八人极尊，此八公山名之所自昉；（二）八公之名，史传不见，惟高诱记之；（三）八人中仅三人名见《汉书》，而中一人又疑非贤者，所以高诱虽然确举八个人名，说是《淮南子》的撰述者，我们却不能无疑。又高诱说起的"诸儒大山、小山"，亦不见于传记。高似孙《子略》有"读淮南小山篇"之语，则"小山"似为赋名；明方以智的《通雅》且谓小山、大山犹《诗》之《大雅》《小雅》。考《昭明文选》（卷三十三）有《招隐士》一首，题刘安撰，而序曰："《招隐士》者，淮南小山之所作也。小山之徒，闵伤屈原，……故作《招隐士》之赋，以彰其志也。"则小山又明明是

原书绪言

人名。然而大山、小山究竟姓甚么，连高诱自己也不曾说明白。

高诱所举八人，唯左吴、雷被、伍被见于《汉书》，已如上述；现在再把这三个人仔细查考一下。据《汉书》，左吴是淮南宾客之与闻密谋者——《淮南王传》："（王）日夜与左吴等按舆地图，部署兵所从入。"又《伍被传》："王曰：'左吴、赵贤、朱骄如皆以为什八九成。'"——就只两次见了名。雷被官郎中，善击剑，因为比剑误中安子迁，迁恨之，短于安前；雷被惧，逃之长安，告淮南太子迁不许他投效"奋击匈奴"。事见《淮南王传》。据此而观，雷被大约是个武士，不是治学问的人。伍被，《汉书》有传（《史记》关涉伍被的事都附见《淮南王传》中），故对于他的事，独详。本传里说："被以材能称，为淮南中郎。是时淮南王安好术学，折节下士，招致英隽以百数，被为冠首。"据此则伍被竟是淮南宾客的领袖。本传又记刘安谋反，被切谏，与安反复辩论之词；其论吴广、陈胜之所以一举而成功，谓乃"蹈瑕衅，因秦之亡时而动"；其议论正和本书《览冥》《齐俗》《诠言》等篇内所反复申明的"故虽贤王，必待遇。遇者，能遭于时而得之也，非智能所求而成也"一段意义，颇相吻合。所以高诱说伍被是本书的一个撰述者这句话，不能不说是比较可信的了。

但是后人亦有不信《汉书》所记，以为本书实出刘安之手；理由是：淮南王辩博善为文辞，史有明文，而左吴等人的著作绝无传见。明胡应麟《少室山房笔丛》说："淮南王招集奇士，倾动四方；说者咸以此书杂出宾客之手，非也。左吴、雷被诸人，著作绝无可见，特附《淮南》而显，岂梁苑邹、枚，邺中刘、阮等哉！"胡说亦自有理。然《淮南》一书议论，前后自相矛盾的，不可胜数，甚至一篇之中，前后亦有矛盾，则又断乎不像一人的手笔了。

三

本书旧注，道藏本题"许慎记上"，通行本题"高诱注"。《隋唐志》皆并录许、高二家注。陆德明的《庄子释文》引《淮南子》注皆称许慎注；李善的《文选注》、殷敬顺的《列子释文》引《淮南子》注，或称许慎注，或称高诱注。可知《淮南子》原有许、高二家的注。然《隋书·经籍志》载《淮南子》许慎注二十卷，高诱注二十一卷；《旧唐书》载《淮南间诂》（"商诂"乃"间诂"之讹）二十一卷（即许慎注），高诱注二十一卷；《新唐书》所载，卷目都合；《宋史·艺文志》载许慎注二十一卷，高诱注十三卷，是知高诱注在宋世已亡若干了。但《宋史》载许慎注二十一卷，竟完全无阙，亦甚可疑。今考宋苏颂《校淮南子题叙》，则言宋世许、高二注皆已残缺，崇文旧本，蜀川印本等七部，皆二注相参，不复可辨；又谓"互相考证，去其重复，共得高注十三篇，许注十八篇"（十字衍文，盖十三加八，正得二十一，故云去其重复）。清陶方琦拥护苏说（见陶著《淮南许注异同诂》序），谓《原道》以下十三篇皆有"故曰……因以题篇"等字,高注本也,《缪称》以下八篇皆无"故曰……因以题篇"云云,许注本也。是知《宋志》所谓许慎注二十一卷,实许氏残注,杂参高注,而冒称了许注。宋世安得完全的许注?高、许二注,在宋时都已残缺了。

又取今本《淮南子·原道》《俶真》《天文》《地形》《时则》《览冥》《精神》《本经》《主术》《氾论》《说林》《说山》《修务》十三篇的注文,和《缪称》《齐俗》《道应》《诠言》《兵略》《人间》《泰族》《要略》八篇的注文,互相比较,则前十三篇不但篇名下多了"故曰……因以题篇"等字样,并且注文比后八篇要详细得多,前十三篇往往于解释正文之后,复举异说"一曰……"云云,而后八篇便无此例。现在考证《原道》等十三篇注文所举异说"一曰……"云云,什八九正是他处复见的许慎注。由此,又可知《原道》以下十三篇虽云高注,而实在是杂附许注的了(苏颂所谓二注相参),绝非高注本来面目。我们再把李善的《文选注》、陆德明的《庄子释文》、殷敬顺的《列子释文》、孔颖达的《毛诗正义》、司马贞的《史记索隐》、《开元占经》、《太平御览》等书所引的许注,和今本《缪称》以下八篇——这是我们认为许注的,互相比校,则见《文选注》等书所引许注而为今本《淮南》所无者,实亦不少。由此,更可知今本《淮南·缪称》以下八篇虽称许注而实多脱漏,亦绝非许注的本来面目了。

又今本《原道》以下十三篇和《缪称》以下八篇的文本,

也有相异的。例如《缪称》篇"纣为象箸而箕子叽"的"叽"字,《说山》篇作"唏";《诠言》篇"猿狖之捷来措"的"措"字,《说林》篇作"乍";《诠言》篇"羿死于桃棓",《说山》篇作"羿死桃部";《道应》篇"孔子劲扚国门之关",《主术》篇作"孔子之通力招城关";《道应》篇"周鼎著倕,使龁其指"的"龁"字,《本经》篇作"衔";《修务》篇"纯钧、鱼肠之始下型"的"纯钧",《齐俗》篇作"淳均";《览冥》篇"上契黄垆"的"垆"字,《兵略》篇作"卢";《原道》篇的"京台",《道应》篇作"强台";《原道》篇的"六莹",《齐俗》篇作"六英";《氾论》篇的"淄渑",《道应》篇作"菑渑";《齐俗》篇"隅眥之削",《本经》篇作"隅差之削"。凡此种种,皆可证许、高注书的时候,《淮南子》有两种传本,文字相异的很多。

以上所称,实甚琐细,无关宏旨;且本书自清王念孙、卢文弨、俞樾等研究以来,在训诂、义理两方多所发明,补正许、高旧注不少,已经较从前容易读了,所以许、高两家注文的纠葛,现在我们竟可以不问。但因这也是关于《淮南子》的一种知识,且即此可见汉代的书和注尚且如此脱误错乱,更何论秦以前的古籍!因此略叙《淮南》旧注聚讼的公案如上。

四

《淮南子》本非一人撰著,立一家之言。虽大意是归宗于老子《道德》之旨，然通视全书，则驳杂殊甚。《道应》篇引老子语而以古事为例证，颇似《韩非子》的《解老》《喻老》二篇。《说林》《说山》《人间》诸篇多纪古事，亦类乎《韩非》的《说林》和《内外储说》等篇。《时则》篇大概同于《吕览·月令》和《礼记·月令》。《地形》篇可说是《山海经》的缩本。《天文》《兵略》诸篇也可说是汉以前说天论兵的学说的会要。

至于书中议论自相矛盾之处，不止一二。《精神》篇反复申明体道而无欲之旨，谓饰性戾情者，终生为悲人，当顺性情之自然，一死生；这些议论，颇像庄子。本篇对于儒者是努力攻击的。然《本经》篇又言礼乐本出人情之自然，未可厚非，徒因衰世舍本逐末，故不可为。此则显然和《精神》篇的议论矛盾了。又《本经》篇开头从老子的"大道废而有仁义"说起，终则言礼乐本出人情之自然，未可厚非；《修务》篇始论无为有为之辨，全本老子之说，终则又论学问之必要，适与老子"绝学无忧"之说正相反对；此则一篇之中，前后的议论，也是显然矛盾的了。又如《览冥》篇斥申、商、韩非之法为不知为治之本，而《氾论》篇则畅论如何用刑赏以收治效；《主术》篇始言无为之说，忽进而又言韩非一流的刑名说，终乃进入儒家仁义之说；这也是一篇之中或数篇之间互有矛盾。

勉强可说在全书中没有什么冲突的，似乎是《诠言》篇中所反复申明的"柔弱者生之徒，坚强者死之徒"的意义，以及《齐俗》篇所申论的"圣人因时制宜，四夷中国不同俗，其合于道则一"的理论。但是这等议论并非是怎样重要的根本原理，故虽一贯，并不能减轻了本书的驳杂矛盾的程度。

至若撇开关于思想方面的，而从别的方面来批评，则此书多记"古今治乱存亡祸福，世间诡异瑰奇之事"（高诱序），后世作家，尝多征引；其文词"奇丽宏放，瑰目璨心，谓挟风霜之气，良自不诬"（胡应麟语）。扬雄尝以淮南王与司马迁并称，可说是汉世的杰作。古来文人很多爱读此书，大概就取它的材料诡异和文词奇丽罢。

沈洪

一九二五年三月

俶真篇

有始者,有未始有有始者,有未始有夫未始有有始者。有有者,有无者,有未始有有无者,有未始有夫未始有有无者。

所谓有始者,繁愤①未发,萌兆牙蘖,未有形埒②,〔垠堮〕〔无无〕冯冯翼翼③,将欲生兴,而未成物类。

有未始有有始者,天气始下,地气始上,阴阳错合,相与优游竞畅④于宇宙之间,被德含和,缤

---

① 繁愤,众积之貌。
② 形埒,形迹,迹象。
③ 冯冯,无形之貌。翼,rú,虫动之貌。冯冯翼翼,言若有物动焉,而尚未有形,盖在混沌状态也。
④ 竞,逐。畅,达。

纷茏苁①,欲与物接,而未成兆朕。

有未始有夫未始有有始者,天含和而未降,地怀气而未扬,虚无寂寞,萧条霄雿②,无有仿佛,气遂而大通冥冥者也。

有有者,言万物掺落,根茎枝叶,青葱苓茏,〔萑蓲〕萑扈炫煌③,蠉飞蝡动,蚑行哕息④,可切循⑤把握而有数量。

有无者,视之不见其形,听之不闻其声,扪之不可得也,望之不可极也,儲与扈冶⑥,浩浩瀚瀚⑦,不可隐仪揆度而通光耀者。

有未始有有无者,包裹天地,陶冶万物,大通混冥,深闳广大,不可为外,析豪剖芒,不可为内,无环堵之宇,而生有无之根。

---

① 缤纷,杂糅。茏苁,丛聚貌。
② 霄雿,xiāodiào,幽冥貌。
③ 萑,wéi,草木之荣华。扈,hù。萑扈炫煌,言采色纷呈。校订者按:萑扈,花叶鲜艳貌。
④ 蚑,qí,虫行貌。哕,噱。校订者按:蚑行哕息,谓动物徐行舒气。
⑤ 切循,抚摩。
⑥ 儲与、扈冶,皆褒大貌。
⑦ 浩浩、瀚瀚,皆广大貌。

俶真篇

有未始有夫未始有有无者,天地未剖,阴阳未判,四时未分,万物未生,汪然平静,寂然清澄,莫见其形。若光耀之〔间〕问于无有①,退而自失也,曰:"予能有无,而未能无无也!"及其为无无,至妙何从及此哉!

夫大块②载我以形,劳我以生,逸我以老,休我以死;善我生者,乃所以善我死也。夫藏舟于壑,藏山于泽,人谓之固矣。虽然,夜半有力者负而趋,寐者不知。③藏小大有宜,犹有所遁;④若藏天下于天下,则无所遁其形矣。物岂可谓无大扬攉⑤

---

① 光耀问于无有,见《庄子·知北游》:"光曜问乎无有曰:'夫子有乎?其无有乎?'〔无有弗应也。〕光曜不得问,而孰视其状貌,窅然空然,终日视之而不见,听之而不闻,搏之而不得也。光曜曰:'至矣!其孰能至此乎!予能有无矣,而未能无无也!及为无有矣,何从至此哉!'"
② 大块,天地之间。
③ 夜半有力者负舟与山走,故寐者不知。
④ 《庄子·大宗师》:"夫藏舟于壑,藏山于泽,谓之固矣。然而夜半有力者负之而走,昧者不知也。藏小大有宜,犹有所遁。若夫藏天下于天下而不得所遁,是恒物之大情也。"郭注:"不知与化为体而思藏之使不化,则虽至深至固,各得其所宜,而无以禁其日变也。"云云,可为此处参考。
⑤ 扬攉,亦作"扬搉",约略,举其大概。

乎？一范①人之形而犹喜，若人者，千变万化而未始有极②也。弊而复新，其为乐也，可胜计邪？譬若梦为鸟而飞于天，梦为鱼而没于渊，方其梦也，不知其梦也，觉而后知其梦也。今将有大觉，然后知今此之为大梦也。始吾未生之时，焉知生之乐也，今吾未死，又焉知死之不乐也。

昔公牛哀转病③〔也〕，七日化为虎。其兄掩户而入觇之，则虎搏而杀之。是故文章成兽，爪牙移易，④志与心变，神与形化。⑤方其为虎也，不知其尝为人也；方其人，不知其且为虎也。二者代谢舛⑥驰，各乐其成形，狡猾钝惛，是非无端，孰知其所萌？夫水向冬则凝而为冰，冰迎春则泮而为水，冰水移易于前后，若周员而趋⑦，孰暇知其所苦乐乎！

是故形伤于寒暑燥湿之虐者，形苑而神壮⑧；神

---

① 范，效法。
② 言死生变化如梦，故曰"未始有极"。
③ 转病，古代迷信指人死后会转给别人或动物的一种狂病。
④ 言肤发已成兽形，爪牙亦移易为兽爪牙。
⑤ 言心志皆变，神形俱化。
⑥ 舛，交互。
⑦ 言若循环。
⑧ 苑，枯萎。壮，通"戕"，伤。

俶真篇

伤乎喜怒思虑之患者，神尽而形有余。故罢马之死也，剥之若槁①；狡狗之死也，割之犹濡②。是故伤死者其鬼娆③，时既者其神漠④。是皆不得形神俱没也。夫圣人用心杖性，依神相扶，而得终始。是故其寐不梦，其觉不忧。

古之人有处混冥之中，神气不荡于外，万物恬漠以愉静，搀抢〔衡〕冲枊之气⑤，莫不弥靡而不能为害。当此之时，万民猖狂，不知东西，含哺而游，鼓腹而熙⑥，交被天和，食于地德，⑦不以曲故，是非相尤，茫茫〔沈沈〕沆沆⑧，是谓大治。于是在上位者，左右而使之，毋淫其性，镇抚而有之，毋

---

① 罢老气力竭尽，故若槁。
② 狡，少壮。濡，濡湿。言气力未尽。
③ 娆，亦作"魈"，楚人谓剽轻为害之鬼曰魈。
④ 既，尽。漠，定。言时既当老者，则神寂漠。
⑤ 搀抢，彗星的别名。冲，据《吕氏春秋·明理》："（其云）有其状若人，苍衣赤首，不动，其名曰天冲。"是冲亦云气也。枊，亦星名，早见则主水灾，晚见则主旱灾；是亦凶星也。古人对于不经见之自然现象，常生恐怖之心，以为主灾害；彗星冲枊，皆不经见，故以为妖气，见必有灾。
⑥ 熙，通"嬉"，嬉戏。
⑦ 交，俱。天和，谓风雨调顺。地德，谓五谷。
⑧ 沆，hàng。茫茫沆沆，盛大貌。

迁其德。是故仁义不布而万物蕃殖①,赏罚不施而天下宾服,其道可以大美兴而难以算计举也。是故日计之不足,而岁计之有余。夫鱼相忘于江湖,人相忘于道术。②古之真人,立于天地之本,中至优游,抱德炀和,而万物〔杂〕炊累③焉,孰肯解构④人间之事,以物烦其性命乎?

夫道有经纪条贯,得一之道,连千枝万叶。⑤是故贵有以行令,贱有以忘卑,贫有以乐业,困有以处危。夫大寒至,霜雪降,然后知松柏之茂也。据难履危,利害陈于前,然后知圣人之不失道也。是故能戴大员者履大方,镜太清者视大明,立太平者处大堂⑥,能游冥冥者与日月同光。是故以道为竿,以德为纶,礼乐为钩,仁义为饵,投之于江,浮之

---

① 言古者抱盛德,上质朴,不待仁义而万物蕃殖。
② 言各得其志,故相忘。
③ 炊累,形容游尘浮动升腾。《庄子·在宥》:"从容无为,而万物炊累焉。"
④ 解构,附会造作。
⑤ 一者道本,得其本,故能连理千枝万叶,以少正多。
⑥ 太平,天下之平。大堂,明堂,所以告朔行令。

俶真篇

于海。万物纷纷，孰非其有？夫挟依于跂跃之术①，提挈人间之际，撢掞挺挏②世之风俗，以摸苏牵连物之微妙③，犹得肆其志，充其欲，何况怀瑰玮之道，忘肝胆遗耳目，独浮游无方之外，不与物相弊摋④，中徙倚无形之域，而和以天〔地〕倪⑤者乎？若然者偃其聪明，而抱其太素，以利害为尘垢⑥，以死生为昼夜。是故目观玉辂琬象⑦之状，耳听《白雪》《清角》⑧之声，不能以乱其神；登千仞之

---

① 跂跃之术，言龃龉不正之道。
② 撢，tàn，引。掞，yǎn，通"剡"，锐利。挏，dòng。挺挏，谓上下推动。撢掞挺挏，谓以求便利。
③ 摸苏，绳索。微妙，犹细小。
④ 弊摋，báshā，犹杂糅。
⑤ 天倪，谓自然之分。《庄子·齐物论》："'何谓和之以天倪？'曰：'是不是，然不然。是若果是也，则是之；异乎不是也，亦无辩。然若果然也，则然之；异乎不然也，亦无辩。'"
⑥ 尘垢，比喻微末卑污的事物。
⑦ 玉辂，王者所乘之车，以玉为饰。一说"辂"当作"璐"，美玉。琬，wǎn，圭之宛转其首为圆形者。琬象，指美玉与象牙。
⑧ 《白雪》，师旷所奏太一五十弦琴之乐曲，神物为下降者。《览冥》篇："昔者师旷奏《白雪》之音而神物为之下降。"《清角》，商声。一说，清角，弦急其声清也。《韩非子·十过》："（平公）反坐而问曰：'音莫悲于清徵乎？'师旷曰：'不如清角。'"校订者按：此处《清角》与《白雪》对称，为古琴曲名。

溪，临猿眩之岸①，不足以滑其和②。譬若钟山③之玉，〔炊〕灼以炉炭，三日三夜而色泽不变，则至德天地之精也④。是故生不足以使之，利何足以动之；死不足以禁之，害何足以恐之。明于死生之分，达于利害之变，虽以天下之大，易骭之一毛，无所概于志也。夫贵贱之于身也，犹条风之时丽⑤也；毁誉之于己，犹蚊虻之一过也。夫秉皓白而不黑，行纯粹而不糅，处玄冥而不暗，休于天钧而不㡳⑥，孟门、终隆⑦之山不能禁，〔唯体道能不败〕湍濑、旋渊、吕梁⑧之深不能留也，太行、石涧、飞狐、句望⑨之险不能难也。是故身处江海之上，而神游魏

---

① 谓猿临其岸而目眩；极言其高。
② 滑，乱。和，适。谓不足使之震慑不安。
③ 钟山，昆仑之中央为钟山。
④ 《艺文类聚》引作"得天地之精也"。
⑤ 丽，经过。时丽，忽一过。
⑥ 㡳，huǐ，同"毁"，毁坏。休乎天钧，谓休乎自然之陶钧。《庄子·齐物论》："是以圣人和之以是非，而休乎天钧。"
⑦ 孟门，山名，太行之隘。终隆，则终南山，亦险塞。
⑧ 湍濑，tuānlài，水浅急流之处。旋渊，深渊。吕梁，水名。
⑨ 太行、石涧、飞狐、句望，皆险隘。

阙①之下。非得一原②，孰能至于此哉！是故与至人居，使家忘贫，使王公简其富贵而乐卑贱，勇者衰其气，贪者消其欲，坐而不教，立而不议，虚而往者实而归，故不言而能饮人以和。是故至道无为，一龙一蛇，③盈缩卷舒，与时变化。外从其风，内守其性，耳目不耀，思虑不营④。其所居神者，台简⑤以游太清，引〔楯〕揗⑥万物，群美萌生。是故事其神者神去之，休其神者神居之。

道出一原，通九门，散六衢，设于无垓坫之宇⑦，寂漠以虚无，非有为于物也，物以有为于己也。是故举事而顺于道者，非道之所为也，道之所施也。夫天之所覆，地之所载，六合所包，阴阳所呴⑧，雨露所濡，道德所扶，此皆生一父母而阅一

---

① 魏阙，王者门外阙，巍巍高大，故曰"魏阙"。神游魏阙，言心慕荣贵。
② 一原，一个本原。
③ 龙能化蛇，能解脱，故道以为譬。
④ 营，惑。
⑤ 台，犹持。简，大。
⑥ 揗，xún。引揗，拔擢。
⑦ 设，施。垓坫，gāidiàn，垠堮。
⑧ 呴，滋养，化育。

和也①。是故槐榆与橘柚合而为兄弟，有苗与三危②通为一家。夫目视鸿鹄之飞，耳听琴瑟之声，而心在雁门之间，一身之中，神之分离剖判，六合之内，一举而千万里。是故自其异者视之，肝胆胡越③，自其同者视之，万物一圈④也。百家异说，各有所出。若夫墨、杨、申、商之于治道，犹盖之〔无〕一橑⑤，而轮之〔无〕一辐，有之可以备数，无之未有害于用也。己自以为独擅之，不通之于天地之情也。今夫冶工之铸器，金踊跃于炉中，必有波溢而播弃者，其中地而凝滞，亦有以象于物者矣。其形虽有所小用哉，然未可以保于周室之九鼎也，又况比于规形者乎？其与道相去亦远矣！今夫万物之疏跃⑥枝举，百事之茎叶条蘖，皆本于一根而条循千万也。若此则有所受之矣，而非所授者。

---

① 父母，谓天地。阅，总。和，气。
② 有苗在南方，三危在西方。
③ 肝胆喻亲切，胡越喻疏远；言亲如肝胆者可疏如胡越。
④ 圈，区域，范围。
⑤ 盖，车盖，建于车前，所以遮阳。橑，liǎo，弓形横木，乃车盖之骨。
⑥ 疏跃，布散。

俶真篇

所受者，无授也，而无不受也。无不受也者，譬若周云①之茏苁，辽巢彭〔滂〕薄②而为雨，沉溺万物而不与为湿焉。今夫善射者有仪表之度，如工匠有规矩之数，此皆所得以至于妙。然而奚仲不能为逢蒙，造父不能为伯乐者，③是曰谕于一曲而不通于万方之际也。今以涅④染缁则黑于涅，以蓝染青则青于蓝。涅非缁也，青非蓝也，兹虽遇其母⑤，而无能复化已。是何则？以谕其转而益薄也。何况夫未始有涅蓝造化之者乎，其为化也，虽镂金石，书竹帛，何足以举其数？由此观之，物莫不生于有也，小大优游⑥矣。夫秋豪之末，沦于无间，而复归于大矣；⑦芦苻之厚，通于无垠，而复反于敦庞。⑧

---

① 周云，密云，浓云。
② 彭，páng。辽巢彭薄，蕴积貌。
③ 奚仲巧为车，逢蒙善于射，造父善御马，伯乐善相马。
④ 涅，矾石。
⑤ 母，本源，根本。
⑥ 优游，言饶多。
⑦ 言秋毫之末，至微细，能入于无间（孔），然以与道较，则秋毫犹为大。
⑧ 苻，fú，通"莩"，芦中白（茎内薄膜）。垠，古"垠"字。敦庞，厚。芦苻极薄，能入于无空（垠即空间），然以与道较，则芦苻犹为厚。

若夫无秋豪之微,芦苻之厚,四达无境,通于无圻①,而莫之要御夭遏②者,其袭③微重妙,挺挏万物,揣丸变化④,天地之间,何足以论之!夫疾风敦⑤木而不能拔毛发,云台⑥之高,堕者折脊碎脑,而蚊虻适足以〔翱翔〕翾⑦。夫与蚑蟯⑧同乘天机,〔夫〕受形于一圈,飞轻微细者,犹足以脱其命,又况未有类也⑨?由此观之,无形而生有形,亦明矣。是故圣人托其神于灵府,而归于万物之初,视于冥冥,听于无声。冥冥之中,独见晓焉;寂漠之中,独有照焉。其用之也以不用,其不用也而后能用之,其知也乃不知,其不知也而后能知之

---

① 圻,通"垠"。
② 要,遮。夭遏,《庄子·逍遥游》作"夭阏"。夭,折。遏,止。皆防止意。校订者按:要御,拦阻。夭遏,摧折,遏止。
③ 袭,重叠。
④ 揣丸,和调。揣丸变化,谓变化多方。
⑤ 敦,拔除,推倒。
⑥ 台高际于云,故曰"云台"。校订者按:云台,高耸入云的台阁。
⑦ 翾,xuān,小飞。
⑧ 蚑,行。蟯,动。蚑蟯,喻微细。校订者按:蚑蟯,qínáo,多足的蚑虫与没脚的蟯虫。常用以指代低等动物。
⑨ 类,形象。也,同"耶"。

也。夫天不定，日月无所载；地不定，草木无所植；所立于身者不宁，是非无所形。是故有真人然后有真知。其所持者不明，庸讵知吾所谓知之非不知欤？

今夫积惠重厚，累爱袭恩，以声华〔呕〕煦苻妪①掩万民百姓，使〔知〕之䜣䜣②然人乐其性者，仁也。举大功，立显名，体君臣，正上下，明亲疏，等贵贱，存危国，继绝世，决挐③治烦，兴毁宗，立无后者，义也。闭九窍，藏心志，弃聪明，反无识，芒然仿佯于尘埃之外，而消摇于无事之业④，含阴吐阳，而万物和同者，德也。是故道散而为德，德溢而为仁义，仁义立而道德废矣。百围之木，斩而为牺尊⑤，镂之以剞劂⑥，杂之以青黄，

---

① 煦，天日之和气。苻妪，犹萌芽。
② 䜣䜣，同"欣欣"。
③ 挐，rú，乱。
④ 业，始。
⑤ 牺尊，犹疏镂之尊，一种刻作牛形的酒器。
⑥ 剞劂，jījué，曲刀。

淮南子

华藻镈鲜①,龙蛇虎豹②,曲成文章,然其断在沟中,〔壹〕比牺尊、沟中之断,则丑美有间矣③,然而失木性,钧④也。是故神越⑤者其言华,德荡者其行伪,至精亡于中,而言行观于外,此不免以身役物矣。夫趋舍行伪者,为精求于外也。精有湫尽而行无穷极,则滑心浊神而惑乱其本矣。其所守者不定,而外淫于世俗之风⑥,所断者差跌〔者〕,而内以浊其清明,是故踌躇以终而不得须臾恬澹矣。是故圣人内修道术,而不外饰仁义,不知耳目之〔宣〕宜,而游于精神之和。若然者,下揆⑦三泉,上寻九天,横廓六合,揲贯⑧万物,此圣人之游也。

---

① 镈,bó,谓以金布敷其上。古者以金饰物,谓之镈。鲜,通"献"。《礼记·月令》篇:"天子乃鲜羔开冰。"注:"鲜当为献。"是其证。《礼记·明堂位》篇:"周献豆。"注:"献,疏刻之。"镈献,谓疏刻而以金饰之。画为华藻之形,疏刻而金饰之,是为华藻镈献。
② 谓疏刻为龙蛇虎豹之形。
③ 言其丑美相去远。
④ 钧,与"均"古字通用,相等。
⑤ 越,散。
⑥ 风,风化。
⑦ 揆,度量,揣度。
⑧ 揲,shé,积。揲贯,犹言积累。

俶真篇

若夫真人则动溶于至虚，而游于灭亡之野，骑蜚廉而从敦圄①，驰于方外，休乎宇内，烛十日②而使风雨，臣雷公，役夸父③，妾宓妃，妻织女。天地之间，何足以留其志？是故虚无者道之舍，平易者道之素④。夫人之事其神而娆⑤其精，营慧然⑥而有求于外，此皆失其神明而离其宅⑦也。是故冻者假兼衣于春，而暍⑧者望冷风于秋。夫有病于内者，必有色于外矣。夫梣木〔色〕已青翳⑨，而蠃蠡愈〔蜗〕烛睆⑩，此皆治目之药也。人无故求此物者，

---

① 蜚廉，兽名，长毛有翼。圄，yǔ。敦圄，似虎而小；一曰仙人名。校订者按：蜚廉、敦圄，二者皆神兽名。
② 古言东方有神木曰扶桑，上有十日。
③ 夸父，古之超人，与日竞走，道渴而死，弃其杖化为邓林。《列子》及《山海经》皆载其事。
④ 素，性。
⑤ 娆，rǎo，烦扰，扰乱。
⑥ 营慧然，高注谓是求索名利也。或说"慧"字疑亦"营"字；营营然，状求索之忙。
⑦ 宅，言精神之宅。
⑧ 暍，yè，伤暑。
⑨ 梣，cén。梣木，苦历，木名。生于山，剥取其皮，以水浸之，色正青，用洗眼，愈人目中青翳。已，治愈，病愈。
⑩ 蠃蠡，luǒlǐ，蜗牛。味甘无毒，可治目疾。睆，huàn。烛睆，目内白翳病。

必有蔽其明者。圣人之所以骇天下者,真人未尝过焉;贤人之所以矫世俗者,圣人未尝观焉。夫牛蹄之涔①,无尺之鲤,块阜②之山,无丈之材,所以然者何也?皆其营宇狭小而不能容巨大也,又况乎以无裹③之者邪?此其为山渊之势亦远矣④!夫人之拘于世也,必形系而神泄,故不免于虚。⑤使我可系羁者,必其命有〔命〕在于外也。⑥至德之世,甘瞑于溷澜⑦之域,而徙倚⑧于汗漫之宇⑨,提挈天地而委⑩万物,以鸿濛为景柱⑪,而浮扬乎无畛崖⑫之际。是故圣人呼吸阴阳之气,而群生莫不颙颙然仰其德

---

① 涔,cén,潦水曰涔。牛蹄之涔,谓牛蹄践踏成凹而积水。
② 块阜,小山。
③ 无裹,无形。
④ 言小大之相去甚远。
⑤ 言形系者身形疾而精神越泄,不处其守,故曰"不免于虚"。
⑥ 言既为人所系羁,则命在人而不在我。《庄子·山木》:"物之所利,乃非己也,吾命有在外者也。"即《淮南》所本。
⑦ 澜,xián,言无垠虚之貌。校订者按:溷澜,浑然无边貌。
⑧ 徙倚,徘徊,逡巡。
⑨ 宇,居。
⑩ 委,弃。
⑪ 鸿濛,东方之野,日所出,故以为景柱。
⑫ 畛崖,界岸,边际。

以和顺。当此之时，莫之领理决离，隐密而自成，浑浑苍苍①，纯朴未散，旁薄为一，而万物大优。是故虽有羿之知，而无所用之。②

及世之衰也，至伏羲氏，其道昧昧芒芒③然，吟④德怀和，被施颇烈，⑤而知乃始昧昧〔㛐㛐〕楙楙⑥，皆欲离其童蒙之心，而觉视于天地之间，是故其德烦而不能一。乃至神农、黄帝，剖判大宗，窍领天地，袭九窾，重九〔㛐〕堥，⑦提挈阴阳，婹㛐⑧刚柔，枝解叶贯，万物百族，使各有经纪条贯，于此万民睢睢盱盱⑨然，莫不竦身而载听视，是故治而不能和下。

---

① 浑浑苍苍，浑沌之貌。
② 《太平御览》卷七十七引作"是故虽有明知，无所用之"。
③ 昧昧，纯厚貌。芒芒，广大貌。
④ 吟，含。校订者按：王念孙认为"吟"是"含"的异体。
⑤ 言被其德泽，颇烈施于民。
⑥ 楙，mào。昧昧、楙楙，皆欲知之貌。
⑦ 窍，贯通。领，治理。袭，沿袭。窾，kuǎn，法，条款。堥，古"垠"字。《太平御览》卷七十八引作"袭九空，重九望"，又引注曰："九空，九天也；九望，九地也。"
⑧ 婹㛐，zhuānwán，和调。
⑨ 睢睢盱盱，听视之貌。

栖迟至于昆吾、夏后①之世,嗜欲连于物,聪明诱于外,而性命失其得。施及周室〔之衰〕,浇淳散朴,〔杂〕离道以伪,俭德以行,而巧故萌生。周室衰而王道废,儒、墨乃始列道而议,分徒而讼。于是博学以疑圣,华诬②以胁众,弦歌鼓舞,缘饰《诗》《书》,以买名誉于天下。繁登降之礼,饰绂冕之服,聚众不足以极其变,积财不足以赡其费。于是万民乃始懑觟③离跂,各欲行其知伪,以求凿枘于世④,而错择⑤名利。是故百姓曼衍于淫荒之陂,而失其大宗之本。夫世之所以丧性命,有衰渐以然⑥,所由来者久矣。

是故圣人之学也,欲以返性于初而游心于虚⑦也。达人之学也,欲以通性于辽廓而觉于寂漠也。

---

① 昆吾,夏商之间部落名,己姓。夏后,即夏桀。
② 华诬,设虚华之言以诬圣人。
③ 懑觟,mánxiè,不明正道。
④ 言求以己道入世。
⑤ 错,施。择,取。校订者按:错择,谓施展伎俩以索取。
⑥ 衰乃等衰之衰。上文自伏羲氏而历数之,以至于周室之衰,每降而愈下,故曰"有衰渐以然"。
⑦ 游心于虚,无欲。

俶真篇

若夫俗世之学也则不然，擢德攓性①，内愁五藏，外劳耳目，乃始招蛲振缱物之豪芒②，摇消掉捎仁义礼乐③，暴行越智于天下④，以招号名声于世⑤，此我所羞而不为也。是故与其有天下也，不若有说也⑥；与其有说也，不若尚羊⑦物之终始〔也〕，而条达有无之际。是故举世而誉之不加劝，举世而非之不加沮，定于死生之境，而通于荣辱之理，虽有炎火洪水弥靡于天下，神无亏缺于胸臆之中矣。若然者，视天下之间犹飞羽浮芥也，孰肯分分然⑧以物为事也。

水之性真清而土汩之，人性安静而嗜欲乱之。

---

① 擢，拔取。攓，qiān，同"搴"。校订者按：擢、攓，皆拔取之意。
② 招蛲振缱，言扰乱。蛲，náo，通"挠"。缱，qiǎn，缱绻，缠绵不离散，缱有缠绵之意。物之豪芒，喻道之精微。
③ 摇消掉捎，有消解之意。摇消掉捎仁义礼乐，言仁义礼乐未能行。
④ 暴，卒。越，扬。校订者按：于省吾云：注训暴为卒，非是。《穀梁》隐五年注"暴师经年"，《释文》："暴，露也。"
⑤ 言越扬其诈谲之智，以取声名。
⑥ 说，乐。言不若有人悦乐之。
⑦ 尚羊，同"徜徉"。
⑧ 分分然，疑当作"介介然"；"分"与"介"形近而误。高注：犹意念之貌，（注中亦误作分）正释介字。

淮南子

夫人之所受于天者,耳目之于声色也,口鼻之于〔芳〕臭味也,肌肤之于寒燠,其情一也。或通于神明,或不免于痴狂者,何也?其所为制者异也。是故神者智之渊也,〔渊〕神清〔者〕则智明矣;智者心之府也,智公则心平矣。人莫鉴于流〔沫〕潦而鉴于止水者,以其静也;莫窥形于生铁而窥于明镜者,以〔睹〕其易也。夫唯易且静,形[1]物之性也。由此观之,用〔也〕者必假之于弗用〔也〕者。是故虚室生白[2],吉祥止也。夫鉴明者,尘垢弗能薶[3];神清者,嗜欲弗能乱。精神已越于外而事复返之,是失之于本而求之于末也。外内无符,而欲与物接,弊其玄光,而求知之于耳目,是释其炤炤而道其冥冥也。是之谓失道。心有所至而神喟然在之,反之于虚则消铄灭息,此圣人之游[4]也。故古之治天下也,必达乎性命之情。其举错未必同也,其合于道一也。夫夏日之不被裘者,非爱之也,燠

---

[1] 形,显露。
[2] 喻心虚则道在。室喻心,白喻道。
[3] 薶,wō,沾污。
[4] 游,行。言反之于虚,则情欲之性,消铄灭息,故曰"圣人之游"。

俶真篇

有余于身也；冬日之不用翣①者，非简②之也，清有余于适也。夫圣人量腹而食，度形而衣，节于己而已，贪污之心奚由生哉？故能有天下者，必无以天下为也；能有名誉者，必无以〔趋〕越行求者也。圣人有所于达，达则嗜欲之心外矣。孔、墨之弟子，皆以仁义之术教导于世，然而不免于儡。③身犹不能行也，又况所教乎？是何则？其道外也。夫以末求返于本，许由不能行也，又况齐民乎？诚达于性命之情，而仁义固附矣，趋舍何足以滑心！若夫神无所掩，心无所载，通洞条达，恬漠无事，无所凝滞，虚寂以待，势利不能诱也，辩者不能说④也，声色不能淫也，美者不能滥⑤也，智者不能动也，勇者不能恐也，此真人之〔道〕游也。若然者，陶冶万物，与造化者为人⑥，天地之间，宇宙之内，莫能夭遏。夫化生者不死，而化物者不化。神经于骊

---

① 翣，shà，大扇。
② 简，轻贱。
③ 谓躬行仁义而不免于疲。
④ 说，解释，说明。
⑤ 滥，贪欲。
⑥ 人，偶。与造化者为人，言与造化者为偶。

山、太行而不能难，入于四海九江而不能濡，处小隘而不塞，横扃天地之间而不窕。不通此者，虽目数千羊之群，耳分八风之调，足蹀《阳阿》①之舞，而手会《绿水》②之趋，智〔终〕络天地③，明照日月，辩解连环，〔泽〕辞润玉石，犹无益于治天下也。

静漠恬澹，所以养性也；和愉虚无，所以养德也。外不滑内，则性得其宜；性不动和，则德安其位。养生以经世，抱德以终年，可谓能体道矣。若然者，血脉无郁滞，五藏无蔚④气，祸福弗能挠滑，非誉弗能尘垢，故能致其极。非有其世，孰能济焉？有其人，不遇其时，身犹不能脱，又况无道乎？且人之情，耳目应感动，心志知忧乐，手足之㩙疾蛘⑤、辟寒暑，所以与物接也。蜂虿螫指而神

---

① 阳阿，古之名倡。校订者按：古之名倡阳阿善舞，后因以称舞名。
② 《绿水》，舞曲。
③ 络，包罗。《庄子·天道》："故古之王天下者，知虽落（同络）天地，不自虑也。"即此文所本。
④ 蔚，通"郁"。
⑤ 㩙，"拂"之异文。蛘，即"蛘"之异体；蛘，yáng，小黑虫。

俶真篇

不能憺①，蚊虻嚼肤而知不能平②。夫忧患之来撄人心也，非直蜂虿之螫毒而蚊虻之惨怛也，而欲静漠虚无，奈之何哉？夫目察秋豪之末，耳不闻雷霆之声；耳调玉石之声，目不见太山之高。何则？小有所志而大有所忘也。今万物之来，擢拔吾性，攓取吾情，有若泉源，虽欲勿禀③，其可得邪？今夫树木者，灌以瀿④水，畴⑤以肥壤，〔一〕十人养之，〔十〕一人拔之，则必无余櫱，又况与一国同伐之哉？虽欲久生，岂可得乎！今盆水在庭，清之终日，未能见眉睫；浊之不过一挠，而不能察方员。人神易浊而难清，犹盆水之类也，况一世而挠滑之，曷得须臾平乎？

古者至德之世，贾便其肆，农乐其业，大夫安其职，而处士修其道。当此之时，风雨不毁折，草木不夭，九鼎重⑥〔昧〕，珠玉润泽，洛出丹书，河

---

① 憺，dàn，安定。
② 知，犹志。平，犹定。
③ 禀，承受，领受。
④ 瀿，fán，潦，水暴溢。
⑤ 畴，壅土，培植。
⑥ 九鼎，即禹所铸九鼎，古传国宝。古谓王者之德休明则鼎重。

出绿图，故许由、方回、善卷、披衣①得达其道。何则？世之主有欲利天下之心，是以人得自乐其间。四子之才，非能尽善盖今之世也。然莫能与之同光②者，遇唐、虞之时。逮至夏桀、殷纣，燔生人，辜③谏者，为炮烙，铸金柱④，剖贤人⑤之心，析才士之胫，醢鬼侯之女，菹梅伯之骸。⑥当此之时，崤山崩，三川涸，⑦飞鸟铩翼，走兽挤脚。当此之时，岂独无圣人哉？然而不能通其道者，不遇其世。夫鸟飞千仞之上，兽走丛薄之中，祸犹及之，又况编户齐民乎？由此观之，体道者不专在于我，亦有系于世矣。夫历阳之都，一夕反而为湖，⑧

---

① 许由、方回、善卷、披衣，四人皆尧时隐士。
② 光，荣耀。
③ 辜，谓磔之。《周礼·秋官·掌戮》："杀王之亲者，辜之。"校订者按：磔，分裂肢体。
④ 铸金柱，燃火其下，以人置其上，坠火中而对之笑。
⑤ 贤人，谓比干。
⑥ 鬼侯、梅伯，皆纣时诸侯。梅伯说鬼侯之女美好，令纣妻之，女至，纣以为不好，故醢鬼侯之女，菹梅伯之骸也。一曰，纣为无道，梅伯数谏，故菹其骸也。醢，hǎi，肉酱。菹，zū，醢之。
⑦ 崤山，在南阳。三川，泾、渭、沂。
⑧ 历阳，汉淮南国之县名。昔有老妪，遇一人告曰："见城门有血，则走无顾。"自此，妪数往视城门。阍者怪而问之。妪具以告。其暮，门吏故杀鸡，以血涂门。明晨，老妪往视，见血，便走上北山。县果没水中。

俶真篇

勇力圣知与罢怯不肖者同命；巫山之上，顺风纵火，膏夏、紫芝与萧艾①俱死。故河鱼不得明目，稚稼不得育时，其所生者然也②。故世治则愚者不能独乱，世乱则智者不能独治。身蹈于浊世之中，而责道之不行也，是犹两绊骐骥而求其致千里也。置猿槛中，则与豚同，非不巧捷也，无所肆其能也。舜之耕陶也，不能利其里，南面王则德施乎四海，仁非能益也，处便而势利也。古之圣人，其和愉宁静，性也；其志得道行，命也。是故性遭命而后能行，命得性而后能明。乌号之弓③，谿子之弩④，不能无弦而射；越舲蜀艇，不能无水而浮。今矰缴机⑤而在上，网罟张而在下，虽欲翱翔⑥，其势焉得？故

---

① 膏夏，大木，其理密白如膏。膏夏、紫芝皆贵品。萧艾，贱草。校订者按：膏夏、紫芝皆喻贤智。萧艾，喻不肖。
② 河水浊故不得明目，稚稼为霜所凋，故不得待其自熟时，故曰"其所生者然也"。
③ 乌号，柘桑，其材坚劲，可为弓。
④ 谿子，或曰国名，出弩；或曰郑国善为弩匠名；或曰南方蛮，造弩。
⑤ 矰缴，射鸟短矢。机，发。
⑥ 鸟之高飞，翼上下曰翱，直刺不动曰翔。

《诗》云:"采采卷耳,不盈倾筐,嗟我怀人,置彼周行。"以言慕远世也。①

---

① 此《诗·周南·卷耳》篇中句。言采采易得之菜,不满易盈之器,以言君子为国,执心不精,不能以成其道,采易得之菜,不能盈易满之器。"嗟我怀人,置彼周行",言我思古君子、官贤人,置之列位。诚古之贤人,各得其行列,故曰"慕远"。(高诱注)

览冥篇①

昔者师旷奏《白雪》之音而神物为之下降②,风雨暴至,平公癃病,晋国赤地。③庶女叫天,雷电下击,景公台陨,支体伤折,海水大出。④夫瞽师、庶女,位贱尚褉,⑤权轻飞羽,然而专精厉意,委务

---

① 览观幽冥变化之端,至精感天,通达无极,故曰"览冥"。
② 神物,即神化之物,谓玄鹤及无头鬼等是也。言师旷奏《白雪》之音,而神物如玄鹤之类来至,无头之鬼操戈以舞。
③ 癃,lóng。癃病,或云笃疾,或云疠疾。赤地,旱也,指遭受严重旱灾、虫灾后庄稼颗粒无收的景象。
④ 庶女,齐之少寡,无子不嫁,事姑谨敬。姑无男有女,女利母财,令母嫁妇,妇终不肯。女杀母以诬寡妇,妇不能自明,冤告天,天为作雷电下击坏景公之台,毁景公之支体,海水为之大溢出。
⑤ 尚褉,即《周礼》之"典枲"("褉"字俗作"枲");言典枲本贱官,而瞽师、庶女则又贱于典枲。枲,xǐ,谓麻枲,《周礼·天官》载典枲掌布缌缕纻之麻草之物。

积神,上通九天①,激厉至精。由此观之,上天之诛也,虽在圹虚幽闲,辽远隐匿,重袭石室,界障险阻,其无所逃之亦明矣。

武王伐纣,渡于孟津阳侯之波②,逆流而击,疾风晦冥,人马不相见。于是武王左操黄钺,右秉白旄,瞋目而扬之曰:"余[任]在,天下谁敢害吾意者!"于是风济而波罢。鲁阳公③与韩构难,战酣,日暮,援戈而撝之,日为之反三舍④。夫全性保真,不亏其身,遭急迫难,精通于天。若乃未始出其宗⑤者,何为而不成!夫死生同域,不可胁陵,勇武一人,为三军雄。彼直求名耳,而能自要者尚

---

① 九天,谓八方中央。
② 阳侯之波,高诱谓阳侯乃古阳国侯,其国近水(俞樾以为当是沂水),溺死于水,其神能为大波,有所伤害,因谓之"阳侯之波"。然陶潜谓阳侯为伏羲六佐之一,主江海,《路史》亦谓阳侯司渡。是阳侯乃江海之神,犹称冯夷为河伯。
③ 鲁阳,楚之县。公,楚平王之孙,司马子期之子,《国语》所谓鲁阳文子也。楚僭号称王,其守县大夫皆称公,故曰"鲁阳公"。
④ 三舍,即三十度。二十八宿在天,一宿为一舍,一舍十度,故三舍乃为三十度。日为之反三舍者,言日在天反退三十度,将暝而迟之未即暮。
⑤ 宗,谓道之本。

览冥篇

犹若此,又况夫宫天地、怀万物而友造化、含至和,直偶于人形①,观九钻一②,知之所不知,而心未尝死者乎?

昔雍门子以哭见于孟尝君③,已而陈辞通意,抚心发声,孟尝君为之增欷呜唈④,流涕狼戾⑤不可止。精神形于内而外谕哀于人心,此不传之道。使俗人不得其君形者⑥而效其容,必为人笑。故蒲且子⑦之连鸟于百仞之上,而詹何之鹜鱼⑧于大渊之中,此皆得清净之道,太浩之和也。

夫物类之相应,玄妙深微,知不能论⑨,辩不能

---

① 偶,通"寓"。言特寄寓于人之形耳,而内有大道。
② 古人凡言至少,以一言之;至多以九言之。故观九钻一者,言所观览者多而所钻研者少。《精神》篇:"能知一,则无一之不知也;不能知一,则无一之能知也。"是其义。
③ 雍门子,名周,善弹琴,又善哭。雍门,齐之西门,居近之,因以为氏。孟尝君,齐相田文。
④ 增,更加。欷,xī,悲泣气咽而抽息。呜唈,wūyì,哭失声。
⑤ 狼戾,犹交横。
⑥ 君形者,言主宰乎形骸者。
⑦ 蒲且子,楚人,善弋射者。
⑧ 詹何,楚人,善钓,知道术。《庄子》言詹何之钓,以牛为饵。鹜鱼,谓令鱼驰鹜来趋钩饵。校订者按:詹何善钓事见《列子·汤问》。
⑨ 知,同"智";论者知也。《说山》篇:"以小明大,以近论远。"高诱注:"论,知也。"知不能论,言智者不能知。

解。故东风至而酒湛溢①,蚕咡丝而商弦绝,或感之也;②画随灰而月运阙③,鲸鱼④死而彗星出,或动之也。故圣人在位,怀道而不言,泽及万民。君臣乖心,则背谲见于天,神气相应征矣。故山云草莽,水云鱼鳞,⑤旱云烟火,涔云波水,⑥各象其形类,所以感之。夫〔阳〕燧取火于日⑦,方诸取

---

① 湛,通"沉";酒沉,谓米面曲之沉者,东风至则相感而沸动。或谓"湛溢"二字当连读,湛与淫同,湛溢谓淫溢;酒性温故东风至而酒为之加长,乃湛溢。
② 咡,èr。老蚕上下丝于口,故曰"咡丝"。新丝出,故丝脆。商于五音最细而急,故绝。咡或作"珥";蚕老时丝在身中,正黄,达见于外,如珥。商,西方金音也。蚕,午火也。火壮金囚,应商而已,或有新故相感者。
③ 运,同"晕"。《说文·日部》:"晕,日月气也。"月晕,绕月周匝,有似军营相围守,故古人以为将有军事相围守,则月晕出。围必有缺口,古人以为此亦可于月晕豫觇得之。《博物志》谓"凡月晕随灰画之,随所画而阙。《淮南子》云,未详其法",即指此。
④ 鲸鱼,大鱼,长数里。
⑤ 山中气出云似草莽。水气出云似鱼鳞。
⑥ 旱云,亢阳气,似烟火。涔,大潦水。云出于涔,似波水。
⑦ 夫燧,许慎注:"五石之铜精,圆以仰日则得火。"高诱注:"金也。取金杯无缘者,熟摩令热,日中时以当日下,以艾承之,则燃得火也。"又《艺文类聚·火部》引《淮南》旧注曰:"日高三四丈,持以向日,燥艾承之寸余,有顷焦,吹之即得火。"与高诱注义同而文异。

览冥篇

露于月①,天地之间巧历不能举其数。手征忽恍,不能览其光。②然以掌握之中,引类于太极之上,而水火可立致者,阴阳同气相动也。此傅说之所以骑辰尾也③。故至阴飂飂④,至阳赫赫,两者交接成和而万物生焉。众雄而无雌,又何化之所能造乎?所谓不言之辩,不道之道也。故召远者使无为焉,亲近者使无事焉,惟夜行者为能有之。⑤故却走马以粪,而车轨不接于远方之外,⑥是谓坐驰陆沉,昼冥宵

---

① 方诸,高诱注:"方诸,阴燧,大蛤也。熟摩令热,月盛时以向月下,则水生,以铜盘受之,下水数滴。"许慎注:"方诸,五石之精,作圆器似杯坏而向月,则得水也。诸,珠也。方,石也。以铜盘受之,下水数升。"《周礼·司烜》郑注:"鉴,镜属,取水者也,世谓之方诸。"《太平御览》卷五十八引注曰:"方诸,形若杯,无耳,以五石合治,以十二月夜半作之,以承水,即来。"人各一说,未知孰是。
② 言手虽览得微物,不能得其光;一说天道广大,手虽能征其忽恍无形者,不能览得日月之光。
③ 傅说,殷高宗相,死托精于辰尾星。
④ 飂,liáo。飂飂,阴冷貌。
⑤ "亲近者使无事焉"之"使",当作"言"。无为、无事,犹今人言无用。夜行,喻入道者如夜行幽冥之中,为能有召远亲近之道。此言使不足以召远,言不足以亲近,惟诚足以动之耳。
⑥ 却走马以粪,见《老子》。言止马不以走,但以粪。粪,粪田。盖行至德之效也。车轨不接于远方之外,言国君无道,戎马生于郊。

明,[①]以冬铄[②]胶,以夏造冰。

夫道者,无私就也,无私去也,能者有余,拙者不足,顺之者利,逆之者凶。譬如隋侯之珠[③]、和氏之璧[④],得之者富,失之者贫。得失之度,深微窈[⑤]冥,难以知论,不可以辩说也。何以知其然?今夫地黄主属骨而甘草主生肉之药也,以其属骨,责其生肉,以其生肉,论其属骨,是犹王孙绰之欲

---

① 高诱注:"言坐行神化,疾于驰传,沉浮冥明,与道合也。"然合上文观之,则高注殊不可通。按:"坐驰陆沉"与"昼冥宵明"相对为文;"昼冥宵明"犹言"谓昼为冥,谓宵为明",依此则"坐驰陆沉"犹言"坐而求驰,陆而求沉",与下文"以冬铄胶,以夏造冰"意义适合,俱言求之非其道。"却走马以粪"等六语,犹言"行至德(却走马以粪)而天下不一(车轨不接于远方之外)"者,是犹谓昼为冥,谓宵为明,坐而求驰,陆而求沉,以冬铄胶,以夏造冰。
② 铄,shuò,镕解。
③ 隋侯,汉东之国,姬姓诸侯。隋侯见大蛇伤断,以药傅之,后蛇于江中衔大珠以报之,因曰"隋侯之珠"。
④ 楚人卞和得美玉璞于荆山之下,以献武王;武王以示玉人,玉人以为石;王怒,刖卞和左足。后文王即位,和复来献玉,又以为石,刖其右足。和乃抱璞不释而泣血。后成王即位,和又献之。成王曰:"先君轻刖而重剖石。"遂剖视之,果得美玉,以为璧,盖纯白夜光,因曰"和氏之璧"。
⑤ 窈,yǎo,深远。

览冥篇

倍偏枯之药而欲以生殊死之人①,亦可谓失论矣。若夫以火能焦木也,因使销金,则道行矣。若以慈石②之能连铁也,而求其引瓦,则难矣,物固不可以轻重论也。夫燧之取火〔于日〕,慈石之引铁,蟹之败漆③,葵之乡日,虽有明智,弗能然也。④故耳目之察,不足以分物理;心意之论,不足以定是非。故以智为治者,难以持国,唯通于太和而持自然之应者,为能有之。故崤山崩而薄落之水涸⑤,区冶生而淳钧之剑成⑥。纣为无道,左强⑦在侧;太公并世,故武王之功立。由是观之,利害之路,祸福之门,不可求而得也。夫道之与德,若韦之与革,远之则迩,近之则远,不得其道,若观鲦鱼。⑧故圣若镜,不将不迎,应而不藏,故万化而无伤。其得

---

① 王孙绰,周人,一曰卫人。王孙绰盖以为治偏枯之药既一剂可愈偏枯,则倍其剂当可以生已死之人。
② 慈石,即磁石。
③ 以蟹置漆中,则败坏不燥,不任用。
④ 然,犹明。言虽有明智之士,不能明其理。
⑤ 崤山,在雍州。薄落水,在冯翊;一曰泾水。
⑥ 区,同"欧"。区冶,越人,善铸剑。淳钧,为古名剑。
⑦ 左强,纣之谀臣,教纣无道,劝以贪淫。
⑧ 鲦,tiáo。鲦鱼,小鱼。在河中可观见而不可得,道亦如之。

之，乃失之，其失之，未始非〔乃〕得之也。

今夫调弦者，叩宫宫应，弹角角动，此同声相和①者也。夫有改调一弦，其于五音无所比，鼓之而二十五弦皆应，此未始异于声，而音之君已形也。②故通于太和③者，惛若纯醉而甘卧以游其中，而不知其所由至也。纯温以沦，钝闷以终，④若未始出其宗，是谓大通。

今夫赤螭、青虬⑤之游冀州也，天清地定，毒兽不作，飞鸟不骇，入榛薄，食荐梅⑥，嚌味⑦含甘，步不出顷亩之区，而蛇鳝轻之，以为不能与之争于江海之中。若乃至于玄云之素朝，阴阳交争，降扶风⑧，杂冻雨，扶摇而登之，威动天地，声震海内，蛇鳝著泥百仞之中，熊罴匍匐丘山〔蹔〕之岩，虎

---

① 叩大宫则少宫应，弹大角则少角应，故曰"同声相和"。
② 一弦，宫音，音之君，故二十五弦皆和。
③ 太和，谓等死生之和。
④ 纯，一。温，和。沦，没。钝闷，无情。纯温以沦，喻潜伏。钝闷以终，言无情而终始于道。
⑤ 赤螭、青虬，皆龙属。
⑥ 荐梅，草实，状如桑椹，其色赤，生江滨。
⑦ 嚌，啮。校订者按：嚌味，仔细辨别滋味，回味。
⑧ 扶风，疾风。

览冥篇

豹袭穴而不敢咆，猿狖①颠蹶而失木枝，又况直蛇鳝之类乎？凤皇之翔至德也，雷霆不作，风雨不兴，川谷不澹②，草木不摇，而燕雀佼之③，以为不能与之争于宇宙之间。还至其曾逝万仞之上④，翱翔四海之外，过昆仑之疏圃⑤，饮砥柱⑥之湍濑，邅回蒙汜之渚⑦，尚佯冀州之际，径蹑都广⑧，入日抑节，⑨濯羽〔翼〕弱水⑩，暮宿风穴⑪。当此之时，鸿鹄鸧鹤⑫莫不惮惊伏窜，注喙江裔⑬，又况直燕雀之类乎？此

---

① 狖，yòu，猿属，长尾而昂鼻。
② 澹，溢。
③ 佼，通"姣"。《广雅》："姣，侮也。"言燕雀轻侮凤凰。
④ 还，当为"遻"字之误；遻，同"逮"。曾，高。逝，飞。
⑤ 疏圃，在昆仑之山。校订者按：疏圃，传说中昆仑山上的池名。
⑥ 砥柱，河之隘。
⑦ 邅回，犹徜徉。蒙汜，日所出之地。渚，小洲。
⑧ 蹑，至。都广，东南之山名，众帝所自上下。
⑨ 言凤凰过都广之野，送日入所抑节之地，言其翔之广。
⑩ 弱水，《海内十洲记》言有弱水三千里环绕昆仑。
⑪ 风穴，风所从出者。《博物志》："风山之首，方高三百里，风穴如电突，深三十里。"《海内十洲记》载玄洲在北海中，有风山，声响如雷电，对天之西北门。
⑫ 鸧鹤，《艺文类聚》卷九十、《太平御览》卷九百十五引并作"苍鹤"。按：鸧，cāng，鸧鹄，水鸟名，大如鹤，青苍色，亦有灰色者，长颈高脚，两颊红。鹤，同"鹤"。
⑬ 注喙，谓把喙支在地上不动。江裔，江边。《太平御览》引作"江介"。

明于小动之迹，而不知大节之所由者也。

昔者王良、造父①之御也，上车摄辔，马为整齐而敛谐，投足调均，劳逸若一，心怡气和，体便轻毕②，安劳乐进，驰骛若灭③，左右若鞭，周旋若环，④世皆以为巧，然未见其贵者也。若夫〔钳且〕钦负、大丙⑤之御，除辔衔，去鞭弃策，车莫动而自举，马莫使而自走也。日行月动，星耀而玄运⑥，电奔而鬼腾，进退屈伸，不见朕垠⑦。故不招指，不咄叱，过归雁于碣石⑧，轶鵾鸡于姑余⑨，骋若飞，骛若绝，纵矢蹑⑩风，追猋归忽⑪，朝发榑

---

① 王良，晋大夫邮无恤子良，为赵简子御。造父，嬴姓，伯翳之后，飞廉之子，为周穆王御。
② 毕，迅捷。
③ 灭，消失，隐没；言疾。
④ 言马如人志。
⑤ 钦负、大丙，二人皆古得道之人。
⑥ 耀，照，光。玄，天。运，行。
⑦ 朕，兆朕。垠，形状。校订者按：朕垠，征兆，迹象。
⑧ 碣石，山名。《山海经》言碣石，盖以为海滨神山。
⑨ 轶，自后过前曰轶。鵾，kūn。鵾鸡，凤凰之别名。姑余，山名，即姑苏山，在今江苏苏州市。
⑩ 蹑，履。纵矢，言其疾足以及箭。蹑，蹈。校订者按：杨树达以为"纵"通"踪"，故训为履。
⑪ 猋，亦作"飙"，疾风。《尔雅·释天》："扶摇谓之猋。"忽，亦作"飈"，亦疾风。

览冥篇

桑①,入日〔入〕落棠②。此假弗用而能以成其用者也,非虑思之察、手爪之巧也。嗜欲形于胸中③,而精神〔逾〕喻于六马,此以弗御御之者也。

昔者黄帝治天下而力牧、太山稽④辅之,以治日月之行,律〔治〕阴阳之气,节四时之度,正律历之数。别男女,异雌雄,明上下,等贵贱。使强不掩弱,众不暴寡。人民保命而不夭,岁时熟而不凶。百官正而无私,上下调而无尤,法令明而不暗,辅佐公而不阿。田者不侵畔,渔者不争隈⑤,道不拾遗,市不豫贾,城郭不关,邑无盗贼,鄙旅之人相让以财,狗彘吐菽粟于路,而无忿争之心。于是日月〔精明〕星辰不失其行,风雨时节,五谷登孰,虎狼不妄噬,鸷鸟不妄搏,凤皇翔于庭,麒麟游于郊,青龙进驾,飞黄伏皂⑥,诸北、儋耳之

---

① 榑,fú。榑桑,亦作"扶桑",神木,日所出。朝发榑桑,谓与日俱出。
② 入日,谓及日于将入。落棠,山名,日所入。入日落棠,谓与日俱入。
③ 言藏嗜欲之形于胸臆之中。(高诱注)
④ 力牧、太山稽,黄帝师。
⑤ 隈,曲深处,鱼所聚。
⑥ 飞黄,乘黄,出西方,状如狐,背上有角,寿三千岁,此乃神马。《山海经·海外西经》言白民国有乘黄,其状如狐,背上有角。皂,马槽。

国,莫不献其贡职,然犹未及虙戏氏之道也。往古之时,四极废,九州裂,天不兼覆,地不周载,火爁〔炎〕焱①而不灭,水浩〔洋〕漾②而不息,猛兽食颛③民,鸷鸟攫老弱。于是女娲④炼五色石以补苍天,断鳌足以立四极⑤,杀黑龙⑥以济冀州,积芦灰以止淫水⑦。苍天补,四极正,淫水涸,冀州平,狡虫死,颛民生,背方州,抱圆天,和春阳夏,杀秋约冬,枕方寝绳⑧,阴阳〔之〕所壅,沉滞不通者,窍理之,逆气戾物伤民厚积者,绝止之。当此之时,卧倨倨⑨,兴〔眄眄〕盱盱⑩,一自以为马,一自

---

① 爁,火貌。焱,火华。爁焱,lànyàn,火势蔓延貌。
② 漾,yǎo,水无涯际貌。
③ 颛,善。《艺文类聚》卷十一引此文及下文"狡虫死,颛民生","颛"并作"精",又引注云:"精,善也。"
④ 女娲氏,旧说继伏羲氏而有天下,蛇身人首。实乃神话中神。
⑤ 上文言"四极废",此言"以立四极",同指一事。四极者,地之四角。盖古以为天圆地方,而天地相接合处乃在地之四角,有柱以支天。四极既废,天乃倾侧而不兼覆,女娲断鳌足以为柱,四极复立,天乃复兼覆。
⑥ 黑龙,水精。
⑦ 淫水,平地出水谓之淫水。
⑧ 寝绳,躺卧时身直如绳。亦喻行事依照准则不逾矩。
⑨ 倨倨,无思虑。
⑩ 盱盱,无所知貌。

览冥篇

以为牛,其行蹎蹎①,其视瞑瞑,侗然②皆得其和,莫知所由生。浮游不知所求,魍魉不知所往。③当此之时,禽兽〔蝮〕虫蛇无不匿其爪牙,藏其螫毒,无有攫噬之心。考其功烈,上际九天,下契黄垆④,名声被后世,光晖〔重〕熏万物⑤,乘雷车,服〔驾〕应龙⑥,骖青虬⑦,援绝〔瑞〕应⑧,席萝图⑨,络黄云〔络〕,前白螭,后奔蛇,⑩浮游消摇,道鬼神,登九天,朝帝于灵门,宓穆休于太祖⑪之下。然而

---

① 蹎,diān。蹎蹎,安详稳重貌。
② 侗,tóng。侗然,通达无挂碍貌。
③ 《北堂书钞》卷十五引作"浮游不知所来,罔两不知所往"。来、往对文,于义为长。罔两,有惘然之意。
④ 黄垆,黄泉有垆山。
⑤ 熏,犹薰炙。谓光辉薰炙万物。
⑥ 应龙,应德之龙;一说有翼之龙。按:《山海经·大荒东经》:"应龙处南极。"郭注:"应龙,龙有翼者也。"服,驾龙而在辕中。
⑦ 青虬,青龙。《说文·虫部》:"虬,龙子有角者。"高诱以为无角曰虬。未知孰是。骖,谓在辕旁。
⑧ 言殊绝之瑞应,援而致之。
⑨ 言罗列图籍,以为席荐。一说,萝图,车上席。未知所本。
⑩ 络,luò,谓车之垂络。黄云之气络其车。白螭导在于前。奔蛇,腾蛇,从在于后。此皆瑞应。
⑪ 宓,宁。穆,和。休,息。太祖,道之太宗。(高诱注)校订者按:宓穆,安详静穆。

不彰其功，不扬其声，隐真人①之道，以从天地之固然②。何则？道德上通而智故③消灭也。逮至夏桀之时，主暗晦而不明，道澜漫而不修，弃捐五帝之恩刑，推蹶三王之法籍。是以至德灭而不扬，帝道掩而不兴，举事戾苍天，发号逆四时。春秋缩其和④，天地除其德。仁君处位而不安，大夫隐道而不言。群臣准上意而〔怀当〕坏常⑤，疏骨肉而自容，邪人参耦比周而阴谋，居君臣父子之间而竞载，骄主而像⑥其意，乱人以成其事。是故君臣乖而不亲，骨肉疏而不附，植社槁而〔垮〕墟裂⑦，容台振而掩覆⑧，犬群嗥而入渊⑨，豕衔蓐而席澳⑩，美人挐首墨面

---

① 真人，谓真德之人。
② 固然，自然。
③ 智故，巧诈。
④ 缩，收敛，收缩。言春秋不复温和。
⑤ 坏常，谓败坏其典常。
⑥ 像，依随。
⑦ 言不禋于神，故祀墟裂。墟，同"罅"，坼裂。
⑧ 容台，行礼之台。言不能行礼，故天文振动而败。
⑨ 言将灭坏，犬失其主，故嗥而入渊。一说，言犬祸。
⑩ 豕衔蓐自藏，言豕祸。

览冥篇

而不容①，曼声吞炭内闭而不歌②，丧不尽其哀，猎不听其乐，西〔老〕姥折胜③，黄神啸吟④，飞鸟铩翼，走兽废脚，山无峻干，泽无洼水⑤，狐狸首穴，马牛放失，田无立禾，路无薠莎⑥〔薠〕，金积折廉，璧袭无〔理〕蠃，⑦蓍龟无腹⑧，蓍策日施。晚世之时，七国异族⑨，诸侯制法，各殊习俗，纵横间之，举兵而相角。攻城滥杀，覆高危安，掘坟墓，扬人骸，大冲车，高重〔京〕垒，除战道，便死路，犯严敌，残不义，百往一反，名声苟盛也。是故质壮轻足者为甲卒千里之外，家老羸弱，凄怆于内，厮

---

① 挐，rú。挐首，乱头。草与发并编为挐首。言不修容饰。
② 曼声，善歌。见世乱衰将灭，故吞炭自败音声，闭气不复动。
③ 西姥，谓西王母。胜，头饰。折胜，言折其头上所戴胜。
④ 黄神，黄帝之神。伤道之衰，故啸吟而长叹。
⑤ 峻干，美材。洼水，停积的水。
⑥ 薠，fán，状如葭。莎，草名。
⑦ 金积，即金朴。铜未铸铄曰积石，是积为矿朴之名。折廉，言折其锋廉。袭，烦数。蠃，通"螺"，回波圆文。璧形圆，上有蠃文，用之烦数，则蠃文磨灭。
⑧ 罄，通"磬"，中空。言数钻以卜，故龟空尽无腹。
⑨ 七国，齐、楚、燕、赵、韩、魏、秦。异族，高诱注："齐姓田，楚姓芈，燕姓姚，赵姓赵，韩姓韩，魏姓魏，秦姓嬴，故异族也。"

徒马圉，軵车奉饷①，道路辽远，霜雪亟集，短褐不完，人赢车弊，泥涂至膝。相携于道，奋首于路，身枕格而死②。所谓兼国有地者，伏尸数十万，破车以千百数，伤弓弩矛戟矢石之创者，扶举于路。故世至于枕人头，食人肉，菹人肝，饮人血，甘之〔于〕如饴鰲。故自三代以后者，天下未尝得安其情性而乐其习俗，保其修命〔天〕而不夭于人虐也。所以然者何也？诸侯力征，天下不合而为一家。

逮至当今之时，天子在上位，持以道德，辅以仁义，近者献其智，远者怀其德，拱揖指麾而四海宾服，春秋冬夏皆献其贡职，天下混而为一，子孙相代，此五帝之所以迎天德也。夫圣人者，不能生时，时至而弗失也。辅佐有能，黜谗佞之端，息巧辩之说，除刻削之法，去烦苛之事，屏流言之迹，塞朋党之门。消知能，修太常③，隳肢体，绌聪明④，

---

① 軵，rǒng，推。饷，xiǎng，资粮。
② 格，同"辂"，谓挽车之横木。枕格而死，谓困极而仆，身枕挽车之横木。
③ 修太常，《文子·上礼》篇作"循太常"。
④ 言去其小聪明，并大利欲者。

览冥篇

大通混冥，解意释神，漠然若无魂魄，使万物各复归其根，则是所修伏羲氏之迹而反五帝之道也。夫〔钳且〕钦负、大丙不施辔衔而以善御闻于天下，伏戏、女娲不设法度而以至德遗于后世。何则？至虚无纯一，而不喋喋苛事也①。《周书》曰："掩雉不得，更顺其风。"今若夫申、韩、商鞅②之为治也，挬③拔其根，芜弃其本，而不穷究其所由生，何以至此也！凿五刑，为刻削，乃背道德之本，而争于锥刀之末，斩艾百姓④，殚尽太半，而忻忻然常自以为治，是犹抱薪而救火，凿窦而〔出〕止水。夫井植生〔梓〕桦⑤而不容瓮，沟植生条⑥而不容舟，不过三月必死。所以然者何也？皆狂生而无其本者也。河九折注于海而流不绝者，有昆仑之输也⑦。潦

---

① 喋喋，zázhá，犹深算。言不采取烦苛之事。
② 申，指申不害。韩，指韩非。三人皆法家。
③ 挬，bó，拔。
④ 以草木喻。
⑤ 桦，古"蘖"字，又作"枿"，槁木之余，又为伐木更生之名。井植生桦者，谓井枔复活而萌苗。
⑥ 谓橡杙于沟边，因生为条木。
⑦ 言有昆仑之源。

淮南子

水不泄，潢洋①极望，旬月不雨，则涸而枯泽②，受瀷③而无源〔者〕也。譬若羿请不死之药于西王母，姮娥窃以奔月，④怅然有丧，无以续之。⑤何则？不知不死之药所由生也。是故乞火不若取燧，寄汲不若凿井。

---

① 洋，古"漾"字。潢洋，wǎngyǎng，水深广貌。
② 涸而枯泽者，涸如枯泽。而、如古通用。
③ 瀷，yì，凑漏之流曰瀷。
④ 姮娥，羿妻。羿请不死之药于西王母，未及服之，姮娥盗食之，得仙，奔入月中为月精。
⑤ 言羿怅然失志，若有所丧亡，不能复得不死药以续之。

精神篇

古未有天地之时，惟像①无形。窈窈冥冥，芒芠漠闵，澒濛鸿洞，②莫知其门。有二神混生③，经天营地，孔乎④莫知其所终极，滔乎⑤莫知其所止息。于是乃别为阴阳，离为八极⑥，刚柔相成，万物乃形，烦⑦气为虫，精气为人。是故精神，天之有也，而骨骸者，地之有也。精神人其门，而骨骸反

---

① 惟像，或说当作"惘像"。惘像，犹罔象。罔象乃叠韵字，与下文"澒濛鸿洞"一律，皆无形之象。
② 芒，máng。芠，wén。澒，hòng。鸿，hòng。皆无形之象。
③ 二神，指阴阳。混生，俱生。
④ 孔乎，深貌。
⑤ 滔乎，大貌。
⑥ 离，散。八极，八方极远之地。
⑦ 烦，乱。

其根,我尚何存①?是故圣人法天顺情,不拘于俗,不诱于人。以天为父,以地为母,阴阳为纲,四时为纪。天静以清,地定以宁。万物失之者死,法之者生。夫静漠者,神明之定也;虚无者,道之所居也。是故或求之于外者,失之于内;有守之于内者,失之于外。譬犹本与末也,从本引之,千枝万叶莫不随也。

夫精神者,所受于天也,而形体者,所禀于地也。故曰:一生二,二生三,三生万物。②万物背阴而抱阳,冲气以为和。故曰:一月而膏,二月而胅③,三月而胎,四月而肌,五月而筋,六月而骨,七月而成,八月而动,九月而躁,十月而生。形体以成,五藏乃形,是故肺主目,肾主鼻,胆主口,肝主耳,外为表而内为里,开闭张歙,各有经纪。故头之圆也象天,足之方也象地。天有四时、五行、九解④、三百六十〔六〕日,人亦有四支、五藏、九

---

① 言人死之后,精神返于天,骨骸归于地,则所谓"我"尚何存乎?
② 一谓道。二谓神明。三谓和气。或谓一者元气。生二者,乾坤。
③ 胅,dié,肿。校订者按:此指胎渐大而隆起。
④ 八方中央谓之九解。

精神篇

窍、三百六十〔六〕节。天有风雨寒暑,人亦有取与喜怒。故胆为云,肺为气,〔肝〕脾为风,肾为雨,〔脾〕肝为雷,以与天地相参也,而心为之主。是故耳目者日月也,血气者风雨也。日中有踆乌,而月中有蟾蜍。① 日月失其行,薄蚀无光;风雨非其时,毁折生灾;五星②失其行,州国受殃。夫天地之道,至纮以大,尚犹节其章光,爱其神明,人之耳目,曷能久〔熏〕勤劳而不息乎?精神何能久驰骋而不既乎?是故血气者,人之华也,而五藏者,人之精也。夫血气能专于五藏而不外越,则胸腹充而嗜欲省矣。胸腹充而嗜欲省,则耳目清、听视达矣。耳目清、听视达谓之明。五藏能属于心而无乖,则敎志胜而行不僻矣。敎志胜而行〔之〕不僻,则精神盛而气不散矣。精神盛而气不散则理,理则均,均则通,通则神,神则以视无不见,以听无不闻也,以为无不成也。是故忧患不能入也,而邪气不能袭。故事有求之于四海之外而不能遇,或

---

① 踆,cūn,三足乌。蟾蜍,chánchú,蛤蟆。
② 五星,谓荧惑、太白、岁星、辰星、镇星。

〔守〕得之于形骸之内而不见也。故所求多者所得少,所见大者所知小。夫孔窍者精神之户牖也,而气志者五藏之使候也。耳目淫于声色之乐,则五藏摇动而不定矣。五藏摇动而不定,则血气滔荡而不休矣。血气滔荡而不休,则精神驰骋于外而不守矣。精神驰骋于外而不守,则祸福之至,虽如丘山,无由识之矣。使耳目精明玄达而无诱慕,气志虚静恬愉而省嗜欲,五藏定宁充盈而不泄,精神内守形骸而不外越,则望于往世之前,而视于来事之后,犹未足为也,岂直祸福之间哉!故曰:"其出弥远者,其知弥少。"以言夫精神之不可使外淫也。是故五色乱目,使目不明;五声哗耳,使耳不聪;五味乱口,使口厉爽①〔伤〕;趣舍滑心,使行飞扬。②此四者,天下之所以养性也,然皆人累也。故曰:嗜欲者使人之气越,而好憎者使人之心劳,弗疾去则志气日耗③。夫人之所以不能终其寿命,而中道夭于刑戮者,何也?以其生生之厚。夫惟能无

---

① 厉爽,病伤滋味。
② 滑,乱。飞扬,不从轨度。
③ 耗,mào,昏乱。

精神篇

以生为者，则所以得修〔得〕生①也。

夫天地运而相通，万物总而为一②。能知一③则无一④之不知也，不能知一⑤则无一⑥之能知也。譬吾处于天下也，亦为一物矣，不识天下之以我备其物与？且惟无我而物无不备者乎？然则我亦物也，物亦物也，物之与物也，又何以相物也？虽然，其生我也，将以何益？其杀我也，将以何损？夫造化者既以我为坯矣，将无所违之矣，⑦吾安知夫刺灸而欲生者之非惑也？又安知夫绞经而求死者之非福也？或者生乃徭役也，而死乃休息也？天下茫茫，孰知之哉？其生我也，不强求已；其杀我也，不强求止。欲生而不事，憎死而不辞，贱之而弗憎，贵之而弗喜，随其天资，而安之不极。⑧吾生也有七尺

---

① 修生，长生。
② 一，道。
③ 此一仍指道而言。
④ 此一指物。
⑤ 此一仍指道。
⑥ 此一仍指物。
⑦ 言既以我为人无所离之；喻不求亦不避。坯，未经烧制的陶器、砖瓦。
⑧ 资，时；一曰性。极，急。校订者按：极，通"亟"。

之形，吾死也有一棺之土。吾生之比于有形之类，犹吾死之沦于无形之中也。然则吾生也，物不以益众；吾死也，土不以加厚。吾又安知所喜憎利害其间者乎？夫造化者之攫援物也，譬犹陶人之埏埴也，其取之地而已为盆盎也，与其未离于地也无以异；其已成器而破碎漫澜而复归其故也，与其为盆盎亦无以异矣。夫临江之乡，居人汲水以浸其园，江水弗憎也；苦洿①之家，决洿而注之江，洿水弗乐也。是故其在江也，无以异其浸园也；其在洿也，亦无以异其在江也。是故圣人因时以安其位，当世而乐其业。夫悲乐者，德之邪也；而喜怒者，道之过也；好憎者，心之〔暴〕累也。故曰：其生也天行，其死也物化，静则与阴〔俱闭〕合德，动则与阳〔俱开〕同波。精神澹然无极，不与物散而天下自服。故心者形之主也，而神者心之宝也，形劳而不休则蹶，精用而不已则竭，是故圣人贵而尊之，不敢越也。夫有夏后氏之璜②者，匣匮而

---

① 洿，wū，不流动的浊水。
② 半璧曰璜，珍玉。

藏之，宝之至也。夫精神之可宝也，非直夏后氏之璜也。

是故圣人以无应有，必究其理，以虚受实，必穷其节，恬愉虚静，以终其命。是故无所甚疏，而无所甚亲，抱德炀和，以顺于天，与道为际，与德为邻，不为福始，不为祸先，魂魄处其宅，而精神守其根，死生无变于己，故曰至神。所谓真人者，性合于道也。故有而若无，实而若虚，处其一，不知其二，治其内，不识其外，①明白太素，无为复朴。体本抱神，以游于天地之樊，芒然仿佯于尘垢之外，而消摇于无事之业，浩浩荡荡乎，机械之巧，弗载于心。是故死生亦大矣，而不为变。虽天地覆育，亦不与之抮抱矣。②审乎无瑕而不与物糅，见事之乱而能守其宗。若然者，正肝胆，遗耳目，心志专于内，通达耦于一③，居不知所为，行不知所之，浑然而往，逯然而来，④形若槁木，心若死灰，

---

① 治其内，守精神。不识其外，不好憎。
② 抮，zhěn。抮抱，犹持著。言不以天地养育万物，故强与持著。
③ 一，道。
④ 浑，转行貌。逯，谓无所为。忽然往来。

忘其五藏，损其形骸，不学而知，不视而见，不为而成，不治而辩，感而应，迫而动，不得已而往，如光之耀，如景之〔放〕敫①。以道为纮，有待而然，②抱其太清之本，而无所容与，而物无能营，廓惝而虚，清靖而无思虑，大泽焚而不能热，河汉涸而不能寒也，大雷毁山而不能惊也，大风晦日而不能伤也。是故视珍宝珠玉犹砾石〔砾〕也，视至尊穷宠犹行客也，视毛嫱、西施犹〔顠丑〕俱魄也③。以〔死〕千生为一化，以万物为一方，同精于太清之本，而游于忽区④之旁，有精而不使，有神而不行，契大浑之朴，而立至清之中。是故其寝不梦，其智不萌⑤，其魄不抑，其魂不腾。反覆终始，不知其端绪，甘暝于太宵⑥之宅，而觉视于昭昭之宇，休息于无委曲之隅，而游敖于无形埒之野。居而无容，处而无所，其动无形，其静无体，存而若亡，生而

---

① 敫，jiǎo，光景流。
② 纮，xún，纲纪，法则。以道待万物，故曰"有待而然"。
③ 俱，qī。俱魄，祈雨之土人。言视毛嫱、西施如土偶。
④ 忽区，忽恍无形之区。
⑤ 言无思念。
⑥ 太宵，长夜之中。

精神篇

若死，出入无间，役使鬼神，沦于不测，入于无间，以不同形相嬗也，终始若环，莫得其伦。此精神之所以能登假于道也，是〔故〕真人之所游也。若吹呴呼吸，吐故内新，熊经①鸟伸，凫浴猿躩，鸱视虎顾，是养形之人也，不以滑心。②使神滔荡而不失其充③，日夜无伤而与物为春，则是合而生时于心也④。且人有戒形而无损〔于〕心⑤，有缀宅而无耗精⑥。夫癫者趋不变⑦，狂者形不亏⑧，神将有所远徙，孰暇知其所为。故形有摩灭⑨而神未尝化者，以不化应化，千变万抮，而未始有极。化者复归于无形也，不化者与天地俱生也。夫木之死

---

① 经，动摇。
② 滑，乱。言熊经鸟伸云云，效禽兽屈伸动作，皆道家炼气运动法，仅能养形，非真人之道。
③ 充，实。一说，充当作"元"；元，本，谓不失其本。
④ 言若是则合于道，而生四时之化于其心。
⑤ 戒，备。或作"革"；革，改。心喻神。
⑥ 缀宅，身。精神居其宅则生，离其宅则死；言人虽死，精神终不耗灭。
⑦ 病癫者形残而神全，故趋不变。
⑧ 狂者形体俱全，故曰"不亏"。
⑨ 摩灭，磨损，消亡。

也,青青去之也,夫使木生者岂木也?犹充形者之非形也。故生生者①未尝死也,其所生则死矣;化物者未尝化也,其所化则化矣。轻天下则神无累矣,细万物则心不惑矣,齐死生则志不慑矣,同变化则明不眩矣。

众人以为虚言,吾将举类而实之。

人之所以乐为人主者,以其穷耳目之欲,而适躬体之便也。今高台层榭,人之所丽也,而尧〔朴〕样枅不斫,素题不枅;②珍怪奇〔异〕味,人之所美也,而尧粝粱之饭,藜藿之羹;文绣狐白,人之所好也,而尧布衣掩形,鹿裘御寒。养性之具不加厚,而增之以任重之忧,故举天下而传之于舜,若解重负然。非直辞让,诚无以为也,此轻天下之具也。

禹南省方,济于江,黄龙负舟,舟中之人五色无主。禹乃熙笑而称曰:"我受命于天,竭力而劳万民,生寄也,死归也,何足以滑和?"视龙犹蝘

---

① 生生者,喻道。下句化物者亦喻道。
② 样,木名,栎木之类。枅,jī。不枅,言不施欂栌(柱上方木)。

蜓[1]，颜色不变，龙乃弭耳掉尾而逃。禹之视物亦细矣！

郑之神巫相壶子林，见其征[2]，告列子。列子行泣报壶子，壶子持以天壤[3]，名实不入，机发于踵[4]。壶子之视死生亦齐矣[5]！

子〔求〕来行年五十有四，而病伛偻，脊管高于顶，胭〔下〕肝[6]迫颐，两脾在上，烛营[7]指天，匍匐自窥于井曰："伟哉！造化者其以我为此拘拘[8]耶！"此其视变化亦同矣！

故睹尧之道，乃知天下之轻也；观禹之志，乃知天下之细也；原壶子之论，乃知死生之齐也；见子〔求〕来之行，乃知变化之同也。夫至人倚不拔

---

[1] 蝘蜓，俗称壁虎。
[2] 见其征，言见其死征。
[3] 言精神天之有，形骸地之有。死自归其本，故曰"持天壤"。
[4] 机，喻疾。谓命危殆，不旋踵而至，犹不恐惧。
[5] 壶子事详《列子·黄帝》。
[6] 胭肝，yìyú，胸。
[7] 烛营，读曰括撮。《庄子·人间世》："支离疏者，颐隐于脐，肩高于顶，会撮指天。"司马彪云："会撮，髻也。古者髻在顶中，脊曲头低，故髻指天。"（按：会字乃荟之省，荟亦作"括"）是烛营亦髻。
[8] 拘拘，美好貌。

之柱,行不关之途,禀不竭之府,学不死之师,无往而不遂,无至而不通,生不足以挂志,死不足以幽神,屈伸俯仰,抱命而婉转,祸福利害,千变万紾,孰足以患心?若此人者,抱素守精,蝉蜕蛇解,游于太清,轻举独〔住〕往,忽然入冥,凤凰不能与之俪,而况斥鷃乎?势位爵禄,何足以概志也!晏子与崔杼盟,临死地而不易其义。殖、华①将战而死,莒君厚赂而止之,不改其行。故晏子可迫以仁,而不可劫以兵;殖、华可止以义,而不可县以利。君子义死而不可以富贵留也,义为而不可以死亡恐也。彼则直为义耳,而尚犹不拘于物,又况无为者矣!尧不以有天下为贵,故授舜;公子札不以有国为尊,故让位;②子罕不以玉为富,故不受宝;③务光不以生害义,故自投于渊。由此观之,至贵不待爵,至富不待财。天下至大矣,而以与佗

---

① 殖,杞梁。华,华周。皆齐士。
② 札,吴王寿梦之少子,让位于侄,不受兄国。
③ 子罕,宋臣。宋人或得玉,以献子罕。子罕不受。献玉者曰:"以示玉人,玉人以为宝,故敢献之。"子罕曰:"我以不贪为宝,子以玉为宝,若与我,是皆丧宝也。不如人有其宝。"

精神篇

人,[①]身至亲矣,而弃之渊,[②]外此,其余无足利矣。此之谓无累之人。无累之人不以天下为贵矣!上观至人之论,深原道德之意,以下考世俗之行,乃足羞也。

故通许由之意,《金縢》《豹韬》废矣;延陵季子不受吴国,而讼间田者惭矣;子罕不利宝玉,而争券契者愧矣;务光不污于世,而贪利偷生者闷矣。故不观大义者,不知生之不足贪也;不闻大言者,不知天下之不足利也。今夫穷鄙之社也,叩盆拊瓴[③],相和而歌,自以为乐矣。尝试为之击建鼓,撞巨钟,乃〔性〕始仍仍然知其盆瓴之足羞也。藏《诗》《书》,修文学,而不知至论之旨,则拊盆叩瓴之徒也。夫无以天下为者,学之建鼓矣。尊势厚利,人之所贪也。使之左据天下图,而右手刎其喉,愚夫不为。由此观之,生〔尊〕贵于天下也。圣人食足以接气,衣足以盖形,适情不求余;无天下不亏其性,有天下不羡其和,有天下无天下一

---

① 尧是也。
② 务光是也。
③ 瓴,líng,瓶之有耳者。

实也。今赣人敖仓①,予人河水,饥而餐之,渴而饮之,其入腹者,不过箪食瓢浆,则身饱而敖仓不为之减也,腹满而河水不为之竭也。有之不加饱,无之不为之饥,与守其篅笐②,有其井,一实也。

人大怒破阴,大喜坠阳,大忧内崩,大怖生狂。除秽去累,莫若未始出其宗,乃为大通。清目而不以视,静耳而不以听,钳口而不以言,委心而不以虑,弃聪明而反太素,休精神而弃知故,觉而若〔昧〕眛,〔以〕生而若死,终则反本未生之时,而与化为一体。死之与生,一体也。今夫繇③者揭镢臿,负笼土,盐汗交流,喘息薄喉。当此之时,得茠越④下,则脱然而喜矣。岩穴之间,非直越下之休也。病〔疵〕疽瘕者,捧心抑腹,膝上叩头,蜷跼而谛⑤,通夕不寐。当此之时,哙⑥然得卧,则亲戚兄弟欢然而喜。夫修夜之宁,非直一哙

---

① 赣,通"贡",赐给。敖,地名,古者其地有储赣之谷。
② 篅笐,chuándùn,受谷器。
③ 繇,劳役。
④ 茠,xiū,在树荫下休息。两树交会,其阴曰越。
⑤ 谛,通"啼"。
⑥ 哙,通"快"。

精神篇

之乐也。故知宇宙之大，则不可劫以死生；知养生之和，则不可县以天下；知未生之乐，则不可畏以死；知许由之贵于舜，则不贪物。墙之立，不若其偃也，又况不为墙乎？冰之凝，不若其释也，又况不为冰乎？自无蹠有，自有蹠无，终始无端，莫知其所萌。非通于外内，孰能无好憎？无外之外，至大也，无内之内，至贵也。能知大贵，何往而不遂？衰世凑学，不知原心反本，①直雕琢其性，矫拂其情，以与世交。故目虽欲之，禁之以度，心虽乐之，节之以礼，趋翔周旋，诎节卑拜，肉凝而不食，酒澄而不饮，外束其形，内〔总〕愁②其德，钳阴阳之和，而迫性命之情，故终身为悲人。达至道者则不然。理情性，治心术，养以和，持以适，乐道而忘贱，安德而忘贫，性有不欲，无欲而不得，心有不乐，无乐而不为，无益于情者，不以累德，〔而〕不便于性者，不以滑和，故纵体肆意，而度制可以为天下仪。

---

① 凑，趋。趋其末，不修稽古之典，苟缴名号耳，故曰"不知原心反本"。
② 愁，通"揫"，收敛。

淮南子

今夫儒者,不本其所以欲,而禁其所欲,不原其所以乐,而闭其所乐,是犹决江河之源,而障之以手也。夫牧民者,犹畜禽兽也,不塞其圂垣,使有野心,系绊其足,以禁其动,而欲修生寿终,岂可得乎?夫颜回、季路、子夏、冉伯牛,孔子之通学也。然颜渊夭死,季路菹于卫,子夏失明,冉伯牛为厉①:此皆迫性拂情,而不得其和也。故子夏见曾子,一臞②一肥,曾子问其故,曰:"出见富贵之乐而欲之,入见先王之道又说之,两者心战,故臞;先王之道胜,故肥。"推此志,非能不贪富贵之位,不便侈靡之乐,直〔宜〕迫性闭欲,以义自防也。虽情心郁殪,形性屈竭,犹不得已自强也,故莫能终其天年。若夫至人,量腹而食,度形而衣,容身而游,适情而行,余天下而不贪,委万物而不利,处大廓之宇,游无极之野,登太皇,冯太一,玩天地于掌握之中,夫岂为贫富肥臞哉!故儒者非能使人弗欲也,欲而能止之;非能使人勿乐也,

---

① 厉,癞疮。
② 臞,qú,消瘦。

乐而能禁之。夫使天下畏刑而不敢盗，岂若能使无有盗心哉？越人得髯蛇以为上肴，中国得而弃之无用。故知其无所用，贪者能辞之；不知其无所用，廉者不能让也。

夫人主之所以残亡其国家，损弃其社稷，身死于人手，为天下笑，未尝非为非欲也。夫仇由贪大钟之赂而亡其国①，虞君利垂棘之璧而禽其身，献公艳骊姬之美而乱四世，桓公甘易牙之和而不以时葬②，胡王淫女乐之娱而亡上地③。使此五君者适情辞余，以己为度，不随物而动，岂有此大患哉？故射者非矢不中也，学射者不治矢④也。御者非辔不行，学御者不为辔也。知冬日之箑、夏日之裘，无用于己，则万物之变为尘埃矣。故以汤止沸，沸乃不止，诚知其本，则去火而已矣。

---

① 仇由，近晋之狄国，晋智襄子欲伐之，先赂以大钟。仇由之君贪，开道来受钟，为和亲，智伯因是以兵灭取其国。
② 齐桓公好味，易牙蒸其首子而进之，遂见信用，专任国政，乱嫡庶。桓公卒，五公子争立，六十日而殡，虫流出户，五月不葬。
③ 胡，西戎之君。秦穆公欲伐之，先遗女乐以淫其志。其臣由余谏，不从，去之；穆公乃伐戎，取上地。上地，美地。
④ 不治矢，言不为而得用之。然则为者不得用之。

齐俗篇

率性而行谓之道，得其天性谓之德，性失然后贵仁，道失然后贵义。是故仁义立而道德迁矣，礼乐饰则纯朴散矣，是非形则百姓眩矣，珠玉尊则天下争矣：凡此四者，衰世之造也，末世之用也。夫礼者所以别尊卑，异贵贱；义者所以合君臣、父子、兄弟、夫妻、朋友之际也。今世之为礼者恭敬而忮①，为义者布施而德，君臣以相非，骨肉以生怨，则失礼义之本也，故构而多责②。夫水积则生相食之鱼，土积则生自〔宊〕宍③之兽，礼义饰

---

① 忮，zhì，嫉妒，忌恨。
② 构而多责，谓以权相交，权尽而交疏。
③ 宍，即"肉"字。自肉，即"自食"之意。

齐俗篇

则生伪匿①之〔本〕土。夫吹灰而欲无眯，涉水而欲无濡，不可得也。古者，民童蒙不知东西，貌不羡乎情，而言不溢乎行。其衣〔致〕〔暖〕缦②而无文，其兵〔戈〕铢③而无刃，其歌乐而无转，其哭哀而无声。凿井而饮，耕田而食，无所施其美，亦不求得。亲戚不相毁誉，朋友不相怨德，及至礼义之生，货财之贵，而诈伪萌兴，非誉相纷，怨德并行，于是乃有曾参、孝己④之美，而生盗跖、庄蹻⑤之邪。故有大路龙旂⑥，羽盖垂緌⑦，结驷连骑，则必有穿窬拊楗〔抽箕〕扣墓逾备之奸⑧；有诡文繁绣，

---

① 匿，tè，通"慝"，邪恶。
② 缦，通"缦"。《说文·糸部》："缦，缯无文。"《国语·晋语》："乘缦不举。"韦注："缦，车无文也。"是凡无文者皆谓之缦。缦与缓，古音相同，得以通用。
③ 铢，楚人谓刀钝为铢。
④ 曾参，事亲孝，孔子弟子。孝己，《荀子》杨倞注谓为殷高宗之太子。
⑤ 盗跖，或谓是柳下惠弟，或谓黄帝时大盗名跖，以柳下惠弟为天下大盗，故世仿古，号之盗跖。庄蹻，疑亦古大盗，非战国时为楚威王将军之庄蹻。
⑥ 大路龙旂，大路，天子车；交龙为旂。
⑦ 緌，ruí，缨饰。
⑧ 楗，jiàn，限门木。拊，hú，掘。备，同"培"，屋后墙。

弱緆①罗纨，必有菅屦跐踦②，短褐③不完者。故高下之相倾也，短修之相形也，亦明矣。夫虾蟆为鹑④，水虿为〔螅蜙〕蟌⑤，皆生非其类，唯圣人知其化。夫胡人见黂⑥，不知其可以为布也；越人见毳⑦，不知其可以为旃⑧也。故不通于物者，难与言化。

昔太公望、周公旦受封而相见。太公问周公曰："何以治鲁？"周公曰："尊尊，亲亲。"太公曰："鲁从此弱矣。"周公问太公曰："何以治齐？"太公曰："举贤而上功。"周公曰："后世必有劫杀之君。"其后齐日以大，至于霸，二十四世而田氏代之。⑨鲁日以削，至三十二世而亡。⑩故《易》曰："履霜，坚冰至。"圣人之见终始微〔言〕矣。故糟

---

① 緆，xī。弱緆，细布。
② 菅，jiān，茅。屦，jué，草鞋。跐踦，cǐqī，不齐之貌。
③ 短褐，短，通"裋"，楚人谓袍曰裋；褐，粗布衣服。
④ 鹑，chún，鹌鹑。
⑤ 虿，chài，蝎子一类毒虫。蟌，cōng，蜻蜓。
⑥ 黂，fén，麻子。
⑦ 毳，cuì。校订者按：毳，鸟兽的细毛。
⑧ 旃，zhān，同"毡"。
⑨ 田氏代齐，在公元前四一〇年。
⑩ 鲁于公元前二四九年为楚所灭。

齐俗篇

丘生乎象楮①,炮烙生乎热斗②。子路撜溺而受牛谢③,孔子曰:"鲁国必好救人于患。"子赣赎人而不受金于府④,孔子曰:"鲁国不复赎人矣。"子路受而劝德,子赣让而止善。孔子之明,以小知大,以近知远,通于论者也。由此观之,廉有所不在而不可公行也。故行齐于俗,可随也;事周于能,易为也。矜伪以惑世,伉行以违众,圣人不以为民俗。

广厦阔屋,连闼通房,人之所安也,鸟入之而忧。高山险阻,深林丛薄,虎豹之所乐也,人入之而畏。川谷通原,积水重泉,鼋鼍之所便也,人入之而死。《咸池》《承云》,《九韶》《六英》,⑤人之所乐也,鸟兽闻之而惊。深溪峭岸,峻木寻枝,猿狖之所乐也,人上之而栗。形殊性诡,所以为乐

---

① 糟丘,纣为长夜之饮,积糟成丘。史言箕子见纣作象楮而忧,以为作象楮必且求玉杯,为杯则必思远方珍怪之物,与马宫室之奉自此始。此言糟丘生乎象楮,意亦犹是。
② 热斗,熨斗。纣见熨斗烂人手,遂作炮烙之刑。炮烙之刑者,或谓乃作铜格,布火其下,令人走其上以为娱乐;或谓用铜柱,以膏涂之,加于热炭之上,使有罪者缘焉,足滑跌堕火中,纣与妲己笑为乐。
③ 撜,zhěng,同"拯",救助。受牛谢,言谢以牛。
④ 鲁国之法,赎人于他国者,受金于府。
⑤ 《咸池》《承云》皆黄帝乐,《九韶》乃舜乐,《六英》乃帝颛顼乐。

者，乃所以为哀；所以为安者，乃所以为危也。乃至天地之所覆载，日月之所昭誋①，使各便其性，安其居，处其宜，为其能。故愚者有所修②，智者有所不足。柱不可以摘③齿，〔筐〕筳不可以持屋；④马不可以服重，牛不可以追速；铅不可以为刀，铜不可以为弩；铁不可以为舟，木不可以为釜。各用之于其所适，施之于其所宜即万物一齐，而无由相过。夫明镜便于照形，其于以〔函〕承食不如〔箄〕竹算；⑤牺牛〔粹〕骍毛⑥，宜于庙牺，其于以致雨不若黑蜧⑦。由此观之，物无贵贱。因其所贵而贵之，物无不贵也；因其所贱而贱之，物无不贱也。夫玉璞不

---

① 誋，jì，告诫。
② 修，长；淮南王安父名长，故书中长字皆改作"修"。
③ 摘，《太平御览》引作"刺"；王念孙云读若剔。
④ 筳，tíng，小簪；小簪形直，故谓之筳。此言大材不可小用，小材不可大用，故柱可以持屋而不可以摘齿，小簪可以摘齿而不可以持屋。
⑤ 承，zhěng。承食，谓蒸食。算，bì，编竹为之，所以蔽甑底而蒸物者。此言明镜虽贵，竹算虽贱，然以蒸食，则镜不如算。又《说山》篇："然明镜虽贵，若用以蔽甑底，则气不上升而食不熟。竹算虽贱，而可以烝食。"意义尤显，可与此参看。
⑥ 骍，牲赤色，周时祀神以赤毛之牛。
⑦ 蜧，lì。黑蜧，神蛇，潜于神泉，能致云雨。或谓黑蜧，黑色蛇属，潜于水，神象能致雨。

齐俗篇

厌厚,角镯①不厌薄,漆不厌黑,粉不厌白。此四者相反也,所急则均,其用一也。今之裘与簑孰急?见雨则裘不用,升堂则簑不御,此代为〔常〕帝者也。②譬若舟车楯〔肆〕䯀穷庐③,故有所宜也。故《老子》曰"不上贤"者,言不致鱼于木,沉鸟于渊。故尧之治天下也,舜为司徒,契为司马,禹为司空,后稷为大田,〔师〕奚仲为工师。④其导万民也,水处者渔,山处者〔木〕采,谷处者牧,陆处者农,地宜其事,事宜其械,械宜其用,用宜其人,泽皋⑤织网,陵阪耕田,得以所有易所无,以所工易所拙。是故离叛者寡,而听从者众,譬若播棋丸于地,员者走泽,方者处高,各从其所安,夫有何上下焉?若风之〔遇〕过箫,忽然感之,各以清浊应矣。夫猿狖得茂木,不舍而穴;狟狢得垤

---

① 镯,jiǎo。角镯,刀剑室间之覆角。
② 言裘与簑迭为主。
③ 舟行于水,车行于陆地,䯀行于沙地,楯行于泥地,穷庐宜于草地。䯀,niǎo,为推版具。《文子·自然》篇:"水用舟,沙用䯀,泥用楯,山用樏。"楯,chūn。穷庐,毡帐,其上穹隆,故名。
④ 大田,田官之长。工师,工官之长。
⑤ 泽皋,多湖沼地。

防①,弗去而缘:物莫避其所利而就其所害。

是故邻国相望,鸡狗之音相闻,而足迹不接诸侯之境,车轨不结千里之外者,皆各得其所安。故乱国若盛,治国若虚,亡国若不足,存国若有余。虚者非无人也,皆守其职也;盛者非多人也,皆徼②于末也;有余者非多财也,欲节事寡也;不足者非无货也,民躁而费多也。故先王之法籍非所作也,其所因也;其禁诛非所为也,其所守也。凡〔以物〕治物者不以物,以〔睦〕陆;治〔睦〕陆者不以〔睦〕陆,以人;③治人者不以人,以君;治君者不以君,以欲;治欲者不以欲,以性;治性者不〔于〕以性,以德;治德者不以德,以道。原人之性,芜濊④而不得清明者,物或堁⑤之也。羌、氐、

---

① 狟,huán,亦作"貆",貛猪。狢,hé,亦作"貉",似狸。埒,水埒。防,堤坝。
② 徼,jiào,伺察。
③ 陆,地;言惟物不与人争地,而后物可治;地大者物博,古圣人林麓川泽,养之有时,而取之有节,用斯道。禹平水土,稷播百谷,所谓治陆者不以陆,以人。(李哲明《淮南义训疏补》)
④ 濊,同"秽"。
⑤ 堁,kè,尘封,掩盖。

齐俗篇

僰、翟①,婴儿生皆同声,及其长也,虽重象、狄鞮②,不能通其言,教俗殊也。今三月婴儿,生而徙国,则不能知其故俗。由此观之,衣服礼俗者,非人之性也,所受于外也。夫竹之性浮,残以为牒,束而投之水则沉,失其体也;金之性沉,托之于舟上则浮,势有所支也。夫素之质白,染之以涅,则黑;缣之性黄,染之以丹,则赤。人之性无邪,久湛于俗则易,易而忘本,合于若性③。故日月欲明,浮云盖之;河水欲清,沙石濊之;人性欲平,嗜欲害之。惟圣人能遗物而反己。夫乘舟而惑者,不知东西,见斗极则寤矣④。夫性,亦人之斗极也。有以自见〔也〕,则不失物之情;无以自见,则动而惑营。譬若陇西之游,愈躁愈沉。孔子谓颜回曰:"吾服汝也忘⑤,而汝服于我也亦忘。虽然,汝虽忘乎,吾犹有不忘者存。"孔子知其本也。

---

① 西戎曰羌,南夷曰氐,西夷曰僰,北胡曰翟。翟,通"狄"。
② 言重译。校订者按:狄鞮即狄鞮,古代翻译西方民族语言的人。
③ 言若出于本性。
④ 斗极指北斗,航海者望北斗以定方向。寤,通"悟"。
⑤ 孔子谦,自谓无知,而服回,此忘形。

夫纵欲而失性,动未尝正也,以治身则危,以治国则乱,以入军则破。是故不闻道者,无以反性。故古之圣王,能得诸己,故令行禁止,名传后世,德施四海。是故凡将举事,必先平意清神,神清意平,物乃可正。若玺之抑埴①,正与之正,倾与之倾。故尧之举舜也,决之于目;桓公之取甯戚也,断之于耳而已矣。为是释术数而任耳目,其乱必甚矣。夫耳目之可以断也,反情性也。听失于诽誉,而目淫于采色,而欲得事正,则难矣。夫载哀者闻歌声而泣,载乐者见哭者而笑,哀可乐者,笑可哀者,载使然也,是故贵虚②。故水激则兴波,气乱则智昏,智昏不可以为政,波水不可以为平。故圣王执一而勿失,万物之情〔既〕测③矣,四夷九州服矣。夫一者至贵,无适于天下。圣人托于无适,故民命系矣。

为仁者必以哀乐论之,为义者必以取予明之。目所见不过十里,而欲遍照海内之民,哀乐弗能给

---

① 埴,zhí,黏土。
② 虚者,心无所载于哀乐。
③ 测,尽。

也。无天下之委财，而欲遍赡万民，利不能足也。且喜怒哀乐，有感而自然者也。故哭之发于口，涕之出于目，此皆愤于中而形于外者也。譬若水之下流，烟之上寻①也，夫有孰推之者？故强哭者虽病不哀，强亲者虽笑不和。情发于中，而声应于外。故釐负羁之壶餐②，愈于晋献公之垂棘③；赵宣孟之束脯④，贤于智伯之大钟⑤。故礼丰不足以效爱，而诚心可以怀远。故公西华⑥之养亲也，若与朋友处；曾参之养亲也，若事严主烈君：其于养一也。故胡人

---

① 寻，古"燂"字。《说文·火部》："燂，火热也。"字亦作"焊"。
② 釐负羁，即僖负羁，春秋时曹大夫。晋公子重耳出奔过曹，曹君要观其骈胁，僖负羁谏，不听，其妻劝以自贰，乃馈盘飧而加璧焉。后公子重耳返晋为文公，加兵于曹，执曹伯，旌僖负羁之里，令兵无得入。
③ 晋献公从荀息之计，以垂棘之璧，假道于虞以伐虢，及虢亡而虞亦被灭。
④ 赵宣孟，即晋卿赵盾。宣孟田于首山，舍于翳桑，见灵辄饿，食之；灵辄舍其半。问之，曰："请以遗母。"因与之箪食与肉。后晋灵公伏甲攻宣孟，灵辄为公甲士，倒戟以御公徒而免之；问其故，对曰："翳桑之饿人也。"
⑤ 智伯名瑶，晋卿，以大钟灭仇由。
⑥ 公西华，孔子弟子，与朋友处，睦而少敬。

弹骨①,越人契臂②,中国歃血也③,所由各异,其于信一也。三苗髽④首,羌人括⑤领,中国冠笄⑥,越人鬋⑦鬌,其于服一也。帝颛顼之法,妇人不辟男子于路者,拂⑧于四达之衢;今之国都,男女切踦⑨,肩摩于道:其于俗一也。故四夷之礼不同,皆尊其主,而爱其亲,敬其兄;猃狁⑩之俗相反,皆慈其子,而严其上。夫鸟飞成行,兽处成群,有孰教之?故鲁国服儒者之礼,行孔子之术,地削名卑,不能亲近来远。越王句践劗发文身,无皮弁搢笏⑪之服,拘罢拒折⑫之容,然而胜夫差于五湖,南面而

---

① 胡人之盟约,置酒人头骨中,饮以相诅。
② 越人刻臂出血,以为盟誓。
③ 杀牲歃血,相与为信,乃中国俗。
④ 三苗,在彭蠡、洞庭之野。髽,zhuā,以枲束发。
⑤ 括,结扎,捆束。
⑥ 笄,簪。
⑦ 劗,zuān,剪,断。鬌,jiǎn,下垂的鬓发。
⑧ 拂,放置。
⑨ 踦,qī,足。
⑩ 猃狁,xiǎnyǔn,北胡。猃,或作"獯"。
⑪ 皮弁,以为爵冠。搢,佩衿。笏,佩玉。
⑫ 拘,借为"钩"。罢是"環(环)"字脱烂而误;环,旋。拒者,矩之假借。拘环拒折云者,即所谓周旋中规,折旋中矩耳。(李哲明《淮南义训疏补》)

齐俗篇

霸天下，泗上十二诸侯皆率九夷以朝。胡、貊、匈奴之国，纵体拖发箕倨反言，而国不亡者，未必无礼也。楚庄王裾衣①博袍，令行乎天下，遂霸诸侯。晋文君大布②之衣，牂羊③之裘，韦以带剑，威立于海内。岂必邹、鲁④之礼之谓礼乎？是故入其国者从其俗，入其家者避其讳，不犯禁而入，不忤逆而进，虽之夷狄徒倮⑤之国，结轨乎远方之外，而无所困矣。

礼者实之文也，仁者恩之效也，故礼因人情而为之节文，而仁发怦⑥以见容。礼不过实，仁不溢恩也，治世之道也。夫三年之丧，是强人所不及也，而以伪辅情也。三月之服⑦，是绝哀而迫切之性也。夫儒墨不原人情之终始，而务以行相反之制。

---

① 高诱注："裾，衰也。衣，裾也。"校订者按：吴承仕《淮南旧注校理》云疑当作"裾衣，褒衣也"。
② 大布，粗布。
③ 牂，zāng。牂羊，牝羊。
④ 邹，孟轲邑。鲁，孔子邑。
⑤ 徒倮，光身，不穿衣服。
⑥ 怦，pēng，流露，表现。
⑦ 三月之服，乃夏后氏之礼。

五缞之服①,悲哀抱于情,葬薶②称于养,不强人之所不能为,不绝人之所不能已,度量不失于适,诽誉无所由生。古者非不知繁升降槃还之礼也,蹀《采齐》《肆夏》③之容也,以为旷日烦民而无所用,故制礼足以佐实喻意而已矣。古者非不能陈钟鼓、盛管箫、扬干戚、奋羽旄,以为费财乱政,制乐足以合欢宣意而已,喜不羡于音。非不能竭国糜民,虚府殚财,含珠鳞施④,纶组节束⑤,追送死也,以为穷民绝业而无益于槁骨腐肉也,故葬薶足以收敛盖藏而已。昔舜葬苍梧,市不变其肆;⑥禹葬会稽之山,农不易其亩⑦:明乎生死之分,通乎俭侈之适者也。乱国则不然,言以行相悖,情与貌相反。礼

---

① 五缞之服,谓三年、期年、九月、五月、三月服。
② 薶,"埋"的本字。
③ 《采齐》《肆夏》,皆乐名。
④ 含珠,谓死者口内含珠而殓。鳞施,高诱谓是玉纽,疑即玉柙。《续汉书·礼仪志》"金缕玉柙"注:"腰以下以玉为札,长一尺广二寸半为柙,下至足,亦缝以黄金缕。"
⑤ 纶,丝绵。束,捆缚。
⑥ 舜南巡狩,死苍梧,葬泠道九疑山,不烦市井之所废。
⑦ 禹会群臣于会稽,葬山阴之阳,不烦农人之田亩。

齐俗篇

饰以烦，乐〔优〕攫①以淫，崇死以害生，久丧以〔招〕损行，是以风俗浊于世，而诽誉萌于朝，是故圣人废而不用也。

义者循理而行宜也，礼者体情而制文者也。〔义者宜也，礼者体也。〕昔有扈氏为义而亡②，知义而不知宜也。鲁治礼而削，知礼而不知体也。有虞氏之祀，其社用土③，祀中霤④，葬成亩，其乐《咸池》《承云》《九韶》⑤，其服尚黄。夏后氏其社用松⑥，祀户，葬墙置翣⑦，其乐《夏籥》九成，《六佾》《六列》《六英》，⑧其服尚青。殷人之礼，其社用石，祀门，葬树松，其乐《大濩》《晨露》⑨，其服

---

① 攫，俗书作"扰"，烦乱。
② 有扈，夏启之庶兄。以尧、舜举贤，禹独与子，故伐启，启亡之。（高诱注）
③ 言封土为社。
④ 霤，liù，屋檐流水。
⑤ 《咸池》《承云》皆黄帝乐。舜兼用黄帝乐。《九韶》乃舜所作乐。
⑥ 所树之木，皆所生地之所宜。（高诱注）
⑦ 翣，shà，棺饰，其形如扇，置于棺之两旁者。
⑧ 九成，变。《六列》，六六为行列。《六英》，禹兼用颛顼之乐。（高诱注）
⑨ 濩，huò。《大濩》《晨露》，皆汤所作乐。

尚白。周人之礼，其社用栗，祀灶，葬树柏，其乐《大武》《三象》《棘下》，其服尚赤。礼乐相诡，服制相反，然而皆不失亲疏之恩，上下之伦。今握一君之法籍，以非传代之俗，譬由胶柱而调瑟也。故明主制礼义而为衣，分节行而为带，衣足以覆形，从典坟，虚循挠，便身体，适行步，不务于奇丽之容，隅〔眥〕些之削①。带足以结纽收衽，束牢连固，不亟于为文句疏〔短〕矩之鞼。②故制礼义，行至德，而不拘于儒、墨。所谓明者，非谓其见彼也，自见而已；所谓聪者，非谓闻彼也，自闻而已；所谓达者，非谓知彼也，自知而已。是故身者道之所托，身得则道得矣。

道之得也，以视则明，以听则聪，以言则公，以行则从。故圣人裁制物也，犹工匠之斫削凿枘也，宰庖之切割分别也，曲得其宜，而不折伤。拙

---

① 《本经》篇："衣无隅差之削。"注："隅，角也。差，邪也。""差"与"些"声相近，故此处"眥"字疑为"些"之伪。隅些之削，犹言"衣角斜削"。
② 文句者，圜文。疏矩者，方文。"鞼"字疑误。此上文并说带，不宜忽及鞼屦，此必有讹脱。（孙诒让说）

齐俗篇

工则不然,大则塞而不入,小则窕①而不周,动于心,枝于手,而愈丑。夫圣人之斫削物也,剖之判之,离之散之;已淫已失,复揆以一;既出其根,复归其门;已雕已琢,还反于朴。合而为道德,离而为仪表,其转入玄冥,其散应无形。礼义节行,又何以穷至治之本哉?世之明事者多离道德之本,曰"礼义足以治天下",此未可与言术也。所谓礼义者,五帝三王之法籍、风俗,一世之迹也。譬若刍狗土龙②之始成,文以青黄,〔绢〕罽以绮绣③,缠以朱丝,尸祝袀袨④,大夫端冕,以送迎之。及其已用之后,则壤土草〔剨〕蕲⑤而已,夫有孰贵之?故当舜之时,有苗不服,于是舜修政偃兵,执干戚而舞之。禹之时,天下大雨,禹令民聚

---

① 窕,tiǎo,细小。
② 刍狗,束刍为狗,以谢过求福。土龙,抟土为龙,以求雨。
③ 罽,juàn,谓罗系之。罽以绮绣,谓以绮绣系之。
④ 袀,jūn,纯服。袨,xuàn,黑衣。
⑤ 草蕲,即草芥。《史记·屈原贾生列传》:"细故憃蕲兮。"《索隐》曰:"蕲音介。"《汉书》作"憃芥",是芥、蕲古字通。故此作"蕲",《太平御览》作"草芥"。

土积薪,择丘陵而处之。武王伐纣,载尸而行,① 海内未定,故〔不〕为三年之丧〔始〕。禹遭洪水之患,陂塘之事,故朝死而暮葬。此皆圣人之所以应时耦变,见形而施宜者也。②今之修干戚而笑镢插③,知三年非一日,是从牛非马,以征笑羽也。以此应化,无以异于弹一弦而会《棘下》④。夫以一世之变,欲以耦化应时,譬犹冬被葛而夏被裘。夫一仪不可以百发⑤,一衣不可以出岁,仪必应乎高下,衣必适乎寒暑。是故世异则事变,时移则俗易。故圣人论世而立法,随时而举事。尚古之王,封于泰山,禅于梁父,七十余圣,法度不同,非务相反也,时世异也。是故不法其已成之法,而法其所以为法。所以为法者,与化推移者也。夫能与化推移

---

① 武王伐纣,伯夷、叔齐叩马首而谏曰:"父死未葬,爰及干戈,可谓孝乎?"此谓载尸而行,即指此。
② 《太平御览》卷五五五引此作"此皆圣人之所以应时设教,见而施宜者也"。
③ 镢,jué,大锄。插,即臿,锹。
④ 《棘下》,武王所作乐。
⑤ 仪,弩招颜;招颜,即弩机上装之标尺。射百发,远近不可皆以一仪。

齐俗篇

〔为人〕者，至贵在焉尔。故〔狐〕瓠梁①之歌可随也，其所以歌者，不可为也；圣人之法可观也，其所以作法，不可原也；辩士言可听也，其所以言，不可形也；淳均②之剑不可爱也，而欧冶③之巧可贵也。今夫王乔、赤诵子④，吹呕呼吸，吐故内新，遗形去智，抱素反真，以游玄眇，上通云天。今欲学其道，不得其养气处神，而放其一吐一吸，时诎时伸，其不能乘云升假亦明矣。五帝三王，轻天下，细万物，齐死生，同变化，抱大圣之心，以镜万物之情，上与神明为友，下与造化为人。今欲学其道，不得其清明玄圣，而守其法籍宪令，不能为治亦明矣。故曰：得十利剑，不若得欧冶之巧；得百走马，不若得伯乐之数。朴至大者无形状，道至眇者无度量，故天之圆也不〔得〕中规，地之方也不〔得〕中矩。往古来今谓之宙，四方上下谓之宇，

---

① 瓠梁，古之善歌者。
② 淳均，剑名，欧冶所铸。《览冥》篇："区冶生而淳钩之剑成。"此谓淳均，恐字之讹。
③ 欧冶，古之善铸剑者。
④ 王乔，蜀武阳人，为柏人令，得道而仙。赤诵子，即赤松子，古之仙人。

道在其间，而莫知其所。故其见不远者，不可与语大；其智不闳者，不可与论至。

昔者冯夷①得道，以潜大川；〔钳且〕钦负②得道，以处昆仑。扁鹊③以治病，造父以御马，羿以之射，倕④以之斫，所为者各异，而所道者一也。夫禀道以通物者，无以相非也。譬若同陂而溉田，其受水均也。今屠牛而烹其肉，或以〔为〕酸，或以〔为〕甘，煎熬燎炙，齐〔味〕和万方，其本一牛之体。伐楩楠豫樟而剖梨⑤之，或为棺椁，或为柱梁，披断拨〔樶〕遂⑥，所用万方，然一木之朴也。故百家之言，指奏相反，其合道一〔体〕也。譬若丝竹金石之会乐同也，其曲家异而不失于体。伯乐、韩风、秦牙、管青⑦，所相各异，其知马一也。故三皇五帝，法籍殊方，其得民心均也。故汤

---

① 冯夷，河伯。
② 钦负，神名，人面兽形，见《山海经》。
③ 扁鹊，卢人，姓秦名越人，赵简子时人，为古名医。
④ 倕，尧时巧工。
⑤ 剖梨，判分。梨，通"劙"，划开。
⑥ 披，分割。拨，析理。遂，顺应。
⑦ 四人皆古善相马者。

齐俗篇

入夏而用其法，武王入殷而行其礼，桀、纣之所以亡，而汤、武之所以为治。故剞劂销①锯陈，非良工不能以制木；炉橐埵坊②设，非巧冶不能以治金。屠牛吐③一朝解九牛，而刀可以剃毛；庖丁用刀十九年，而〔刀〕刃如新剖硎④。何则？游乎众虚之间⑤。若夫规矩钩绳者，此巧之具也，而非所以巧也。故瑟无弦，虽师文⑥不能以成曲，徒弦则不能悲。故弦，悲之具也，而非所以为悲也。若夫工匠之为连钁运开，阴闭眩错，⑦入于冥冥之眇，神调之极，游乎心手〔众虚〕之间，而莫与物为际者，父不能以教子。瞽师之放意相物，写神愈舞，而形乎弦者，兄不能以喻弟。今夫为平者准也，为直者绳也。若夫不在于绳准之中，可以平直者，此不共之

---

① 销，或作"削"。
② 炉、橐、埵，皆冶具。坊，土型。
③ 屠牛吐，齐之大屠。
④ 硎，磨刀石。《庄子·养生主》《吕氏春秋·精通》并有庖丁解牛之说。
⑤ 谓砍削皆顺牛之关节凑理，不遇骨。
⑥ 师文，乐师。
⑦ 连钁，钁发。运开，相通。阴闭，独闭。眩，因而相错。（高诱注）

术也。故叩宫而宫应，弹角而角动，此同音之相应也。其于五音无所比，而二十五弦皆应，此不传之道也。故萧条①者形之君，而寂寞者音之主也②。

天下是非无所定，世各是其所是，而非其所非，所谓是与非各异，皆自是而非人。由此观之，事有合于己者，而未始有是也；有忤于心者，而未始有非也。故求是者，非求道理也，求合于己者也；去非者，非批邪施③也，去忤于心者也。忤于我，未必不合于人也；合于我，未必不非于俗也。至是之是无非，至非之非无是，此真是非也。若夫是于此而非于彼，非于此而是于彼者，此之谓一是一非也。此一是非，隅曲也；〔夫〕此一是非，宇宙也。今吾欲择是而居之，择非而去之，不知世之所谓是非者，〔不知〕孰是孰非？《老子》曰："治大国，若烹小鲜。"为宽裕者曰勿数挠，为刻削者曰致其咸酸而已矣。晋平公出言而不当，师旷举

---

① 萧条，深静。
② 言微音生于寂寞。
③ 施，yí，微曲。

齐俗篇

琴而撞之,跌衽〔宫〕中壁①。左右欲涂之②,平公曰:"舍之,以此为寡人失。"孔子闻之曰:"平公非不痛其体也,欲来谏者也。"韩子③闻之曰:"群臣失礼而弗诛,是纵过也。有以也,夫平公之不霸也!"故〔宾〕客有见人于宓子④者,宾出,宓子曰:"子之宾独有三过:望我而笑,是攐⑤也;谈语而不称师,是返⑥也;交浅而言深,是乱也。"宾曰:"望君而笑,是公也;谈语而不称师,是通也;交浅而言深,是忠也。"故宾之容一体也,或以为君子,或以为小人,所自视之异也。故趣〔舍〕合即言忠而益亲,身疏即谋当而见疑。亲母为其子治扢秃⑦,而血流至耳,见者以为其爱之至也;使在于继母,则过者以为嫉也。事之情一也,所从观者异

---

① 跌,犹越;言越过平公之衽,而中于壁。
② 欲涂师旷所败壁。
③ 韩公子非,即作《韩非子》者。
④ 宓子,即子贱。
⑤ 攐,qiān,慢。
⑥ 返,《群书治要》引作"反",《意林》引亦作"反",《太平御览》卷四百五引作"叛"。今以文义推之,当是"反"。
⑦ 扢,gē,磨。校订者按:扢秃,突起的头疮。

也。从城上视牛如羊,视羊如豕,所居高也。窥面于盘水则员,于杯则隋,面形不变其故,有所员、有所隋者,所自窥之异也。今吾虽欲正身而待物,庸遽知世之所自窥我者乎?若转化而与世竞走,譬犹逃雨也,无之而不濡。常欲在于虚,则有不能为虚矣。若夫不为虚而自虚者,此所慕而不能致也。故通于道者,如车轴不运于己,而与毂致千里,转无穷之原也。不通于道者,若迷惑,告以东西南北,所居聆聆①,一曲而辟,然忽不得,复迷惑也。故终身隶于人,辟若〔倪〕綄②之见风也,无须臾之间定矣。故圣人体道反性,不化以待化,则几于免矣。③

治世之〔体〕职易守也,其事易为也,其礼易行也,其责易偿也。是以人不兼官,官不兼事,士农工商,乡别州异。是故农与农言力,士与士言行,工与工言巧,商与商言数。是以士无遗行,农无废功,工无苦事,商无折货,各安其性,不得相

---

① 聆聆,意晓解。
② 綄,huán,候风之羽,楚人谓之五两。
③ 言无为以待有为,近于免世难。

齐俗篇

干。故伊尹之兴土功也，修胫者使之跖〔钁〕铧①，强脊者使之负土，眇者使之准，伛者使之涂②，各有所宜，而人性齐矣。胡人便于马，越人便于舟，异形殊类，易事而悖，失处而贱，得势而贵。圣人总而用之，其数一也。夫先知远见，达视千里，人才之隆也，而治世不以责于民。博闻强志，口辩辞给，人智之美也，而明主不以求于下。敖世轻物，不污于俗，士之伉行也，而治世不以为民化。神机阴闭，剞劂无迹，人巧之妙也，而治世不以为民业。故苌弘、师旷，先知祸福，言无遗策，而不可与众同职也；公孙龙③折辩抗辞，别同异，离坚白，而不可与众同道也；北人无择非舜④而自投清泠之渊，不可以为世仪；鲁般、墨子以木为鸢而飞之，三日不集，而不可使为工也。故高不可及者，不可以为人量；行不可逮者，不可以为国俗。夫挈轻重不失铢两，圣人弗用而县之乎铨衡，视高下不

---

① 跖，zhí，踏。铧，huá，即臿。使长胫者踏臿，则入地深而得土多。
② 伛者涂地，因其俯。
③ 公孙龙，赵人，善辩。
④ 无择，古隐士。非舜，非其德之衰。

差尺寸，明主弗任而求之乎浣准①。何则？人才不可专用，而度量可世传也。故国治可与愚守也，而军制可与权用也。夫待骐骥、飞兔②而驾之，则世莫乘车；待西施、毛嫱而为配，则终身不家矣。然非待古之英俊而人自足者，因所有而〔并〕遂用之。夫骐骥千里，一日而通；驽马十舍，旬亦至之。由是观之，人材不足专恃，而道术可公行也。乱世之法，高为量而罪不及，重为任而罚不胜，危为〔禁〕难而诛不敢③。民困于三责，则饰智而诈上，犯邪而干④免。故虽峭法严刑，不能禁其奸。何者？力不足也。故谚曰："鸟穷则啄⑤，兽穷则觕⑥，人穷则诈。"此之谓也。

道德之论，譬犹日月也，江南河北不能易其

---

① 浣，音近"筦"，当为"筦"之讹。凡从官声、完声，古多通用。管，或作"筦"。《泰族》篇："人欲知高下而不能，教之用管准则说。"可为证。管所以视远，准所以测平。
② 骐骥，yǎoniǎo。骐骥、飞兔，皆良马名。
③ 危，犹高。高为艰难之事，而责之以必能，及畏难而不敢为，则从而诛之。（王念孙说）
④ 干，求。
⑤ 啄，同"啄"。
⑥ 觕，同"触"。

齐俗篇

指，驰骛千里不能易其处。趋舍礼俗，犹室宅之居也，东家谓之西家，西家谓之东家，虽皋陶为之理，不能定其处。故趋舍同，诽誉在俗；意行钧，穷达在时。汤、武之累行积善，可及也；其遭桀、纣之世，天授也。今有汤、武之意，而无桀、纣之时，而欲成霸王之业，亦不几矣。昔武王执戈秉钺以〔伐纣〕胜殷，擳笏杖殳①以临朝。武王既没，殷民叛之，周公践东宫，履乘石②，摄天子之位，负扆③而朝诸侯，放蔡叔，诛管叔，克殷残商，祀文王于明堂，七年而致政成王。夫武王先武而后文，非意变也，以应时也；周公放兄诛弟，非不仁也，以匡乱也。故事周于世则功成，务合于时则名立。昔齐桓公合诸侯以乘车，退诛于国以斧钺；晋文公合诸侯以革车，退行于国以礼义。桓公前柔而后刚，文公前刚而后柔，然而令行乎天下，权制

---

① 殳，shū。《诗》言"伯也执殳，为王前驱"，乃无刃之兵器，长约一丈二尺。
② 高诱注："人君升车，有乘石也。"
③ 扆，yǐ，户牖间画斧屏风。

诸侯，钧者审于势之变也。颜阖①，鲁君欲相之而不肯，使人以币先焉，凿培②而遁之，为天下显武③。使遇商鞅、申不害，刑及三族，又况身乎？世多称古之人而高其行，并世有与同者，而弗知贵也，非才下也，时弗宜也。故六骐骥、四駃騠④以济江河，不若窾⑤木便者，处世然也。是故立功之人，简于行而谨于时。今世俗之人，以功成为贤，以胜患为智，以遭难为愚，以死节为戆，吾以为各致其所极而已。王子比干，非不知〔箕子〕被发佯狂以免其身也，然而乐直行尽忠以死节，故不为也。伯夷、叔齐，非不能受禄任官以致其功也，然而乐离世伉行以绝众，故不务也。许由、善卷，非不能抚天下宁海内以德民也，然而羞以物滑和，故弗受也。豫让、要离，非不知乐家室安妻子以偷生也，然而乐推诚行必以死主，故不留也。今从箕子视比

---

① 颜阖，鲁隐士。
② 培，屋后墙。
③ 楚人谓士为武。（高诱注）
④ 駃騠，juétí，乃北翟之良马。
⑤ 窾，kuǎn，空。

齐俗篇

干,则愚矣;从比干视箕子,则卑矣;从管、晏视伯夷,则戆矣;从伯夷视管、晏,则贪矣。趋舍相非,嗜欲相反,而各乐其务,将谁使正之?曾子曰:"击舟水中,鸟闻之而高翔,鱼闻之而渊藏。"故所趋各异,而皆得所便。故惠子从车百乘,以过孟诸,① 庄子见之,弃其余鱼。鹈胡②饮水数斗而不足,鲟〔鲔〕蜩③入口若露而〔死〕饱。智伯有三晋而欲不澹④,林类、荣启期衣若县鹑⑤,而意不慊。由此观之,则趣行各异,何以相非也!夫重生者不以利害己,立节者见难不苟免,贪禄者见利不顾身,而好名者非义不苟得。此相为论,譬犹冰炭钩绳也,何时而合?若以圣人为之中,则兼覆而并之,未有可是非者也。夫飞鸟主巢,狐狸主穴,巢者巢成而得栖焉,穴者穴成而得宿焉。趋舍行义,亦人之所栖宿也,各乐其所

---

① 惠子,名施,仕为梁相,从车百乘,志尚未足。孟诸,宋泽。
② 鹈胡,污泽鸟。
③ 鲟,通"蝉"。蜩,同"蜩";蜩,亦蝉。
④ 澹,同"赡",满足。
⑤ 林类、荣启期,二人皆隐士。衰,后作"蓑";《太平御览》卷六八九引作"蓑"。

安，致其所躔①，谓之成人。故以道论者，总而齐之。

治国之道，上无苛令，官无烦治，士无伪行，工无淫巧，其事经而不扰，其器完而不饰。乱世则不然，为行者相揭以高，为礼者相矜以伪，车舆极于雕琢，器用逐于刻镂，求货者争难得以为宝，诋文者处烦挠以为慧。争为佹辩，久稽而不决，无益于治。工为奇器，历岁而后成，不周于用。故神农之法曰："丈夫丁壮而不耕，天下有受其饥者；妇人当年而不织，天下有受其寒者。"故身自耕，妻亲织，以为天下先。其导民也，不贵难得之货，不器无用之物。是故其耕不强者，无以养生；其织不强者，无以掩形。有余不足，各归其身，衣食饶溢，奸邪不生，安乐无事，而天下均平，故孔丘、曾参无所施其善，孟贲、成荆②无所行其威。衰世之俗，以其知巧诈伪，饰众无用，贵远方之货，珍难得之财，不积于养生之具，浇天下之淳，析天下之朴，牿服马牛以为牢，滑乱万民，以清为浊，性

---

① 躔，zhí，至、到。
② 成荆，亦古勇士。《史记·范雎蔡泽列传》《吕氏春秋·论威》皆言成荆古勇士；荆，亦作"庆"。

齐俗篇

命飞扬,皆乱以营,贞信漫澜,人失其情性。于是乃有翡翠犀象、黼黻文章,以乱其目;刍豢黍粱、荆吴芬馨,以嚂①其口;钟鼓管箫、丝竹金石,以淫其耳;趋舍行义、礼节谤议,以营其心。于是百姓糜沸豪乱,暮行逐利,烦挐浇浅。法与义相非,行与利相反,虽十管仲弗能治也。且富人则车舆衣纂②锦,马饰傅旄象,帷幕茵席,绮绣绦组,青黄相错,不可为象;贫人则夏被褐带索,含菽饮水,以充肠,以支暑热,冬则羊裘解札③,短褐不掩形而炀灶口④。故其为编户齐民无以异,然贫富之相去也,犹人君与仆虏,不足以〔论〕喻之。夫乘奇技、伪邪施者,自足乎一世之间;守正修理、不苟得者,不免乎饥寒之患。而欲民之去末反本,是由发其原而壅其流也。夫雕琢刻镂,伤农事者也;锦绣纂组,害女工者也。农事废,女工伤,则饥之本而寒之原也。夫饥寒并至,能不犯法干诛者,古今之

---

① 嚂,làn,贪食。
② 纂,zuǎn,彩绣。
③ 言羊裘败解而不堪用。
④ 言向灶火以取暖。

未闻也。故〔仕〕仁鄙在时不在行,利害在命不在智。夫败军之卒,勇武遁逃,将不能止也;胜军之陈,怯者死行,惧不能走也。故江河决〔沉〕流,一乡父子兄弟相遗而走,争升陵阪,上高丘,轻足者先〔升〕,不能相顾也。世乐志平,见邻国之人溺,尚犹哀之,又况亲戚乎?故身安则恩及邻国,志为之灭;身危则忘其亲戚,而人不能解也。游者不能拯溺,手足有所急也;灼者不能救火,身体有所痛也。夫民有余即让,不足则争,让则礼义生,争则暴乱起。扣门求水,莫弗与者,所饶足也;林中不卖薪,湖上不鬻鱼,所有余也。故物丰则欲省,求澹则争止。秦王之时,或人①菹子,利不足也;刘氏持政,独夫收孤,财有余也。故世治则小人守政,而利不能诱也;世乱则君子为奸,而法弗能禁也。

---

① 或人,即国人。《说文·戈部》:"或,邦也。"又《囗部》:"国,邦也。"或、国古通用。

道应篇

太清问于无穷曰:"子知道乎?"无穷曰:"吾弗知也。"又问于无为曰:"子知道乎?"无为曰:"吾知道。""子之知道亦有数乎?"无为曰:"吾知道有数。"曰:"其数奈何?"无为曰:"吾知道之可以弱,可以强,可以柔,可以刚,可以阴,可以阳,可以窈,可以明,可以包裹天地,可以应待无方。此吾所以知道之数也。"

太清又问于无始曰:"乡者吾问道于无穷,无穷曰:'吾弗知之。'又问于无为,无为曰:'吾知道。'曰:'子之知道,亦有数乎?'无为曰:'吾知道有数。'曰:'其数奈何?'无为曰:'吾知道之可以弱,可以强,可以柔,可以刚,可以阴,可以阳,可以窈,可以明,可以包裹天地,可以应待无方。吾所以知道之数也。'若是，则无为知与无穷之弗知，孰是孰非？"无始曰："弗知之深而知之浅，弗知内而知之外，弗知精而知之粗。"太清仰而叹曰："然则不知乃知邪？知乃不知邪？孰知知之为弗知，弗知之为知邪？"无始曰："道不可闻，闻而非也；道不可见，见而非也；道不可言，言而非也。孰知形形之不形者乎①？"故《老子》曰："天下皆知善之为善，斯不善也。"故知者不言，言者不知也。

白公问于孔子曰："人可以微言？"②孔子不应。白公曰："若以石投水中何如？"曰："吴、越之善没者能取之矣。"曰："若以水投水何如？"孔子曰："菑、渑③之水合，易牙尝而知之。"白公曰："然则人固不可与微言乎？"孔子曰："何谓不可？〔谁〕唯知言之谓者乎④？夫知言之谓者，不以言言

---

① 言形自形耳，形形者竟无物。
② 白公，楚平王之孙，太子建之子胜。建见杀，白公怨而欲复仇，故问微言。
③ 菑、渑，齐二水名。
④ 言唯知言之谓者，乃可与微言。

也。"①争鱼者濡,逐兽者趋,非乐之也。故至言去言,至为无为。夫浅知之所争者,末矣。白公不得也,故死于浴室。故《老子》曰:"言有宗,事有君。"②夫唯无知,是以不吾知也。白公之谓也。

惠子为惠王为国法③,已成而示诸先生④,先生皆善之。奏之惠王,惠王甚说之,以示翟煎,翟煎曰:"善。"惠王曰:"善可行乎?"翟煎曰:"不可。"惠王曰:"善而不可行,何也?"翟煎对曰:"今夫举大木者,前呼邪许,后亦应之,此举重劝力之歌也。岂无郑、卫激楚之音哉?然而不用者,不若此其宜也。治国〔有〕在礼,不在文辩。"⑤故《老子》曰:"法令滋彰,盗贼多有。"⑥此之谓也。

田骈以道术说齐王。王应之曰:"寡人所有,齐国也。道术难以除患,愿闻国之政。"田骈对曰:"臣之言无政而可以为政,譬之若林木无材而可以

---

① 白公与孔子问答之语,又见《吕氏春秋·精谕》与《列子·说符》。
② 见《老子》第七十章。
③ 惠子,惠施。惠王,梁惠王。
④ 先生,乃长老有德者之称。
⑤ 惠施事又见《吕氏春秋·淫辞》。
⑥ 见《老子》第五十七章。

为材。愿王察其所谓，而自取齐国之政焉。己虽无除其患害，天地之间，六合之内，可陶冶而变化也。齐国之政，何足问哉！"①此老聃之所谓"无状之状，无物之象"②者也。若王之所问者齐也，田骈所称者材也。材不及林，林不及雨，雨不及阴阳，阴阳不及和，和不及道。

白公胜得荆国，不能以府库分人。七日，石乙入曰："不义得之，又不能布施，患必至矣。不能予人，不若焚之，毋令人害我。"白公弗听也。九日，叶公入，乃发大府之货以予众，出高库之兵以赋民，因而攻之，十有九日而禽白公。③夫国非其有也，而欲有之，可谓至贪也；不能为人，又无以自为，可谓至愚矣。譬白公之啬也，何以异于枭之爱其子也？故《老子》曰"持而盈之，不如其已。揣而锐之，不可长保"④也。

---

① 田骈事见《吕氏春秋·执一》。
② 语见《老子》第十四章。
③ 白公胜事见《左传·哀公十六年》。石乙，《左传》作"石乞"。
④ 见《老子》第九章。

道应篇

赵简子以襄子为后。董阏于曰:"无卹贱①,今以为后,何也?"简子曰:"是为人也,能为社稷忍羞。"异日,知伯与襄子饮,而批襄子之首,大夫请杀之,襄子曰:"先君之立我也,曰能为社稷忍羞,岂曰能刺人哉!"处十月,知伯围襄子于晋阳,襄子疏队而击之,大败知伯,破其首以为饮器。②故《老子》曰:"知其雄,守其雌,其为天下溪。"③

齧缺问道于被衣④,被衣曰:"正女形,壹女视,天和将至;摄女知,正女度,神将来舍。德将来〔附〕若美,而道将为女居。惷⑤乎若新生之犊,而无求其故。"言未卒,齧缺继以仇夷⑥。被衣行歌而去曰:"形若槁骸,心如死灰。〔直〕真其实〔不〕知,不以故自持。墨墨恢恢,无心可与谋。彼何人

---

① 无卹,襄子之名,庶出,故曰"贱"。
② 赵简子事又见《说苑·建本》。
③ 见《老子》第二十八章。
④ 齧缺、被衣,皆尧时老人。
⑤ 惷,chōng,愚蠢。
⑥ 仇夷,熟视不言貌。

哉!"①故《老子》曰:"明白四达,能无以知乎?"②

赵襄子使攻翟而胜之,取〔尤〕左人、终人③。使者来谒之,襄子方将食而有忧色。左右曰:"一朝而两城下,此人之所喜也。今君有忧色,何也?"襄子曰:"江、河之大也,不过三日。飘风暴雨不终朝,日中不须臾。今赵氏之德行无所积,今一朝而两城下,亡其及我乎!"孔子闻之曰:"赵氏其昌乎!"夫忧所以为昌也,而喜所以为亡也。胜非其难也,持之者其难也。贤主以此持胜,故其福及后世。齐、楚、吴、越皆尝胜矣,然而卒取亡焉,不通乎持胜也。唯有道之主能持胜。孔子劲〔杓〕抈国门之关④,而不肯以力闻。墨子为守攻,公输般服,而不肯以兵知。善持胜者,以强为弱。故《老子》曰:"道,冲而用之,又弗盈也。"⑤

惠孟见宋康王,康王蹀足謦咳,疾言曰:"寡

---

① 齧缺与被衣之问答,见《庄子·知北游》篇。
② 见《老子》第十章。
③ 左人、终人,翟之二邑。
④ 抈,dí,拉引。古者县门下,从上杓引之者难。
⑤ 见《老子》第四章。

道应篇

人所说者,勇有〔功〕力也,不说为仁义者也。客将何以教寡人?"惠孟对曰:"臣有道于此,使人虽勇,刺之不入,虽〔巧〕有力,击之不中,大王独无意邪?"宋王曰:"善。此寡人之所欲闻也。"惠孟曰:"夫刺之而不入,击之而不中,此犹辱也。臣有道于此,使人虽有勇弗敢刺,虽有力不敢击。夫不敢刺,不敢击,非无其意也。臣有道于此,使人本无其意也。夫无其意,未有爱利之心也。臣有道于此,使天下丈夫女子莫不欢然皆欲爱利之〔心〕。此其贤于勇有力也,四累①之上也,大王独无意邪?"宋王曰:"此寡人所欲得也。"惠孟对曰:"孔、墨是已。孔丘、墨翟无地而为君,无官而为长,天下丈夫女子莫不延颈举踵而愿安利之者。今大王万乘之主也,诚有其志,则四境之内,皆得其利矣。此贤于孔、墨也远矣!"宋王无以应。惠孟出,宋王谓左右曰:"辩矣,客之以说胜寡人也!"②故《老子》

---

① 四累,犹言"四倍"。
② 惠孟事又见《吕氏春秋·顺说》与《列子·黄帝》;"惠孟"作"惠盎"。

曰:"勇于不敢则活。"① 由此观之,大勇反为不勇耳。

昔尧之佐九人,舜之佐七人,武王之佐五人。尧、舜、武王于九、七、五者,不能一事焉,然而垂拱受成功者,善乘人之资也。故人与骥逐走,则不胜骥,托于车上,则骥不能胜人。北方有兽,其名曰蹷,鼠前而兔后,趋则顿,走则颠,常为蛩蛩駏驉取甘草以与之。蹷有患害,蛩蛩駏驉必负而走。此以其能,托其所不能。故《老子》曰:"夫代大匠斫者,希不伤其手。"②

薄疑说卫嗣君以王术,嗣君应之曰:"予所有者,千乘也,愿以受教。"薄疑对曰:"乌获举千钧,又况一斤乎!"杜赫以安天下说周昭文君。文君谓杜赫曰:"愿学所以安周。"赫对曰:"臣之所言不可,则不能安周;臣之所言可,则周自安矣。"此所谓弗安而安者也。故《老子》曰:"大制无割。"故"致数舆无舆"也。③

---

① 见《老子》第七十三章。
② 见《老子》第七十四章。
③ 大制无割,见《老子》第二十八章。致数舆无舆,见《老子》第三十九章。

道应篇

鲁国之法,鲁人为人妾于诸侯,有能赎之者,取金于府。子赣赎鲁人于诸侯,来而辞不受金。孔子曰:"赐失之矣。夫圣人之举事也,可以移风易俗,而〔受〕教顺①可施后世,非独以适身之行也。今国之富者寡而贫者众,赎而受金则为不廉,不受金则不复赎人。自今以来,鲁人不复赎人于诸侯矣。"孔子亦可谓知〔礼〕化矣。故《老子》曰:"见小曰明。"②魏武侯问于李克曰:"吴之所以亡者,何也?"李克对曰:"数战而数胜。"武侯曰:"数战数胜,国之福。其独以亡,何故也?"对曰:"数战则民罢,数胜则主憍。以憍主使罢民,而国不亡者,天下鲜矣。"憍则恣,恣则极物;罢则怨,怨则极虑。上下俱极,吴之亡犹晚矣!夫差之所以自刭于干遂也。故《老子》曰:"功成名遂身退,天之道也。"③

甯越欲干齐桓公,困穷无以自达,于是为商旅,将任车,以商于齐,暮宿于郭门之外。桓公郊

---

① 教顺,教训。
② 见《老子》第五十二章。
③ 见《老子》第九章

迎客,夜开门辟任车,爝①火甚盛,从者甚众。甯越饭牛车下,望见桓公而悲,击牛角而疾商歌②。桓公闻之,抚其仆之手曰:"异哉!歌之者,非常人也!"命后车载之。桓公〔及〕反至,从者以请。桓公赣之衣冠而见,说以为天下。桓公大说,将任之。群臣争之曰:"客卫人也,卫之去齐不远,君不若使人问之。问之而故贤者也,用之未晚。"桓公曰:"不然。问之,患其有小恶也。以人之小恶而忘人之大美,此人主之所以失天下之士也。凡听必有验,一听而弗复问,合其所以也③。且人固难〔合〕全也,权而用其长者而已矣。"当是举也,桓公得之矣。故《老子》曰:"天大,地大,道大,王亦大,域中有四大而王处其一焉。"④以言其能包裹之也。

大王亶父居邠,翟人攻之,事之以皮帛珠玉而

---

① 爝,炬火。
② 《文选·啸赋》注引此歌曰:"出东门兮厉石班,上有松柏兮清且兰。粗布衣兮缊缕,时不遇兮尧舜。牛兮努力食细草,大臣在尔侧,吾当与尔适楚国。"
③ 言合己听知之意,所以用之。
④ 见《老子》第二十五章。

弗受，曰："翟人之所求者地，无以财物为也。"大王亶父曰："与人之兄居而杀其弟，与人之父处而杀其子，吾弗为。皆勉处矣！为吾臣与翟人奚以异？且吾闻之也，不以其所养害其养。"杖策而去。民相连而从之，遂成国于岐山之下。大王亶父可谓能保生矣。虽富贵，不以养伤身；虽贫贱，不以利累形。今受其先人之爵禄，则必重失之。生之所自来者久矣，而轻失之，岂不惑哉？故《老子》曰："贵以身为天下，焉可以托天下；爱以身为天下，焉可以寄天下矣。"[1]

中山公子牟谓詹子曰："身处江海之上，心在魏阙之下，为之奈何？"詹子曰："重生。重生则轻利。"中山公子牟曰："虽知之，犹不能自胜。"詹子曰："不能自胜则从之。""从之，神无怨乎？""不能自胜而强弗从者，此之谓重伤。重伤之人，无寿类矣。"[2]故《老子》曰："知和曰常，知常曰明，益生曰祥，心使气曰强。"是故"用其光，

---

[1] 见《老子》第十三章，文稍异。
[2] 公子牟事见《庄子·让王》与《吕氏春秋·审为》。

复归其明"也。①

楚庄王问詹何曰:"治国奈何?"对曰:"何明于治身,而不明于治国。"楚王曰:"寡人得立宗庙社稷,愿学所以守之。"詹何对曰:"臣未尝闻身治而国乱者也,未尝闻身乱而国治者也。故本〔任〕在于身,不敢对以末。"楚王曰:"善。"②故《老子》曰:"修之身,其德乃真也。"③

桓公读书于堂,轮扁斫轮于堂下,释其椎凿而问桓公曰:"君之所读者何书也?"桓公曰:"圣人之书。"轮扁曰:"其人在焉?"桓公曰:"已死矣。"轮扁曰:"是直圣人之糟粕耳!"桓公悖然作色而怒曰:"寡人读书,工人焉得而讥之哉!有说则可,无说则死。"轮扁曰:"然,有说。臣试以臣之斫轮语之。大疾则苦而不入,大徐则甘而不固。④不甘不苦,应于手,厌于心,而可以至妙者,臣不

---

① "知和"等四句,见《老子》第五十五章。"用其光"句,见《老子》第五十二章。
② 楚庄事见《吕氏春秋·执一》。
③ 见《老子》第五十四章。
④ 苦,急意。甘,缓意。

能以教臣之子，而臣之子亦不能得之于臣。是以行年七十，老而为轮。今圣人之所言者，亦以怀其实，穷而死，独其糟粕在耳。"故《老子》曰："道可道，非常道；名可名，非常名。"①

昔者司城子罕相宋，谓宋君曰："夫国家之安危，百姓之治乱，在君行赏罚。夫爵赏赐予，民之所好也，君自行之；杀戮刑罚，民之所怨也，臣请当之。"宋君曰："善。寡人当其美，子受其怨，寡人自知不为诸侯笑矣。"国人皆知杀戮之专制在子罕也，大臣亲之，百姓畏之。居不至期年，子罕遂却宋君而专其政。②故《老子》曰："鱼不可脱于渊，国之利器不可以示人。"③

王寿负书而行，见徐冯于周涂④。徐冯曰："事者应变而动，变生于时，故知时者无常行。书者言之所出也，言出于知者，故知者不藏书。"于是王寿

---

① 见《老子》第一章。
② 子罕事见《韩非子·外储说右下》，又见《韩诗外传》。
③ 见《老子》第三十六章。
④ 周涂，犹大路。

乃焚书而舞之。① 故《老子》曰："多言数穷，不如守中。"②

令尹子佩请饮庄王，庄王许诺。子佩具于强台，庄王不往。明日，子佩疏③揖北面，立于殿下，曰："昔者君王许之，今不果往，意者臣有罪乎？"庄王曰："吾闻子具于强台。强台者，南望料山以临方皇④，左江而右淮，其乐忘死。若吾薄德之人，不可以当此乐也，恐留而不能反。"故《老子》曰："不见可欲，使心不乱。"⑤

晋公子重耳出亡过曹，无礼焉。釐负羁之妻谓釐负羁曰："君无礼于晋公子。吾观其从者，皆贤人也，若以相夫子，反晋国，必伐曹。子何不先加德焉？"釐负羁遗之壶飧⑥而加璧焉。重耳受其飧而反其璧。及其反国，起师伐曹，克之，令三

---

① 王寿事见《韩非子·喻老》。
② 见《老子》第五章。
③ 疏，徒跣。
④ 方皇，水名。
⑤ 见《老子》第三章。
⑥ 飧，jùn，食之余。

军无入鳌负羁之里。①故《老子》曰:"曲则全,枉则正。"②

越王勾践与吴战而不胜,国破身亡,困于会稽,忿心张胆,气如涌泉,选练甲卒,赴火若灭,然而请身为臣,妻为妾,亲执戈为吴〔兵〕王先马③〔走〕,果禽之于干遂④。故《老子》曰:"柔之胜刚也,弱之胜强也,天下莫不知而莫之能行。"⑤越王亲之,故霸中国。

赵简子死,未葬,中牟入齐。已葬五日,襄子起兵攻围之,未合而城自坏者十丈,襄子击金而退之。军吏谏曰:"君诛中牟之罪而城自坏,是天助我,何故去之?"襄子曰:"吾闻之叔向曰:'君子不乘人于利,不迫人于险。'使之治城,城治而后攻之。"中牟闻其义,乃请降。⑥故《老子》曰:"夫

---

① 鳌负羁事见《左传·僖公二十三年》及《僖公二十八年》。
② 见《老子》第二十二章。
③ 先马,言走先马前,即上文所谓"身为臣"也。
④ 擒吴王夫差于干遂。
⑤ 见《老子》第七十八章。
⑥ 赵襄子事见《新序·杂事》及《韩诗外传》。

唯不争，故天下莫能与之争。"①

秦穆公谓伯乐曰："子之年长矣，子姓有可使求马者乎？"对曰："良马者，可以形容筋骨相也。相天下之马者，若灭若失，若亡其一②。若此马者，绝尘弭辙。臣之子皆下材也，可告以良马，而不可告以天下之马。臣有所〔与〕以③〔供〕共儋〔缠〕缪采薪者九方堙④，此其于马，非臣之下也。请见之。"穆公见之，使之求马。三月而反，报曰："已得马矣，在于沙丘。"穆公曰："何马也？"对曰："牡而黄。"使人往取之，牝而骊。穆公不说，召伯乐而问之曰："败矣！子之所使求马者，毛物牝牡弗能知，又何马之能知？"伯乐喟然大息曰："一至此乎？是乃其所以千万臣而无数者也！若堙之所观者，天机也。得其精而忘其粗，在内而忘其外，见其所见而不见其所不见，视其所视而遗其所不视。

---

① 见《老子》第二十二章。
② 言精神不动，若亡其身。
③ 以，犹与。
④ 儋缪，言负荷绳索。儋，后作"擔（担）"。缪，mò，绳索。九方堙，《列子》作"九方皋"。见《列子·说符》。

若彼之所相者,乃有贵乎马者。"马至而果千里之马。故《老子》曰:"大直若屈,大巧若拙。"①

吴起为楚令尹,适魏,问屈宜若曰:"王不知起之不肖,而以为令尹。先生试观起之为〔人〕之也。"屈子曰:"将奈何?"吴起曰:"将衰楚国之爵而平其制禄,损其有余而绥其不足,砥砺甲兵,时争利于天下。"屈子曰:"宜若闻之,昔善治国家者,不变其故,不易其常。今子将衰楚国之爵而平其制禄,损其有余而绥其不足,是变其故,易其常也。行之者不利。宜若闻之曰:'怒者逆德也,兵者凶器也,争者人之所本也。'今子阴谋逆德,好用凶器,〔始〕治人之所〔本〕去,逆之至也。且子用鲁兵,不宜得志于齐,而得志焉;子用魏兵,不宜得志于秦,而得志焉。宜若闻之,非祸人不能成祸。吾固惑吾王之数逆天道,戾人理,至今无祸,〔差〕嗟!须②夫子也。"吴起惕然曰:"尚可更乎?"屈子曰:"成形之徒,不可更也。子不若敦

---

① 见《老子》第四十五章。
② 须,犹待。

爱而笃行之。"①《老子》曰："挫其锐，解其纷，和其光，同其尘。"②

晋伐楚，三舍不止，大夫请击之。庄王曰："先君之时，晋不伐楚。及孤之身，而晋伐楚，是孤之过也。若何其辱群大夫？"曰："先臣之时，晋不伐楚。今臣之身，而晋伐楚，此臣之罪也。请〔三〕击之。"王俯而泣涕沾襟，起而拜群大夫。晋人闻之曰："君臣争以过为在己，且轻下其臣，不可伐也。"夜还师而归。《老子》曰："能受国之垢，是谓社稷主。"③

宋景公之时，荧惑在心。公惧，召子韦而问焉，曰："荧惑在心，何也？"子韦曰："荧惑，天罚也。心，宋分野。祸且当君。虽然，可移于宰相。"公曰："宰相，所使治国家也，而移死焉，不祥。"子韦曰："可移于民。"公曰："民死，寡人谁为君乎？宁独死耳！"子韦曰："可移于岁。"公曰："岁，民之命。岁饥，民必死矣。为人君而欲

---

① 屈宜若事见《说苑·指武》及《权谋》。
② 见《老子》第四章。
③ 见《老子》第七十八章。

道应篇

杀其民以自活也,其谁以我为君者乎?是寡人之命固已尽矣,子韦无复言矣!"子韦还走,北面再拜曰:"敢贺君!天之处高而听卑。君有君人之言三,天必〔有〕三赏君。今夕星必徙三舍,君延年二十一岁。"公曰:"子奚以知之?"对曰:"君有君人之言三,故有三赏。星必三徙舍,舍行七〔里〕星,星当一年,三七二十一,故君〔移〕延年二十一岁。臣请伏于陛下以伺之。星不徙,臣请死之。"公曰:"可。"是夕也,星果三徙舍。①故《老子》曰:"能受国之不祥,是谓天下王。"②

昔者公孙龙在赵之时,谓弟子曰:"人而无能者,龙不能与游。"有客衣褐带索而见曰:"臣能呼。"公孙龙顾谓弟子曰:"门下故有能呼者乎?"对曰:"无有。"公孙龙曰:"与之弟子之籍。"后数日,往说燕王,至于河上,而航在一汜,使善呼者呼之,一呼而航来。故曰:圣人之处世,不逆有伎能之士。故《老子》曰:"人无弃人,物无弃物,

---

① 子韦事见《吕氏春秋·制乐》《新序·杂事》《史记·宋世家》等。
② 见《老子》第七十八章。

是谓袭明。"①

子发攻蔡，逾之②。宣王郊迎，列田百顷而封之，执圭。子发辞不受，曰："治国立政，诸侯入宾，此君之德也；发号施令，师未合而敌遁，此将军之威也；兵陈战而胜敌者，此庶民之力也。夫乘民之功劳而取其爵禄者，非仁义之道也。故辞而弗受。"故《老子》曰："功成而不居，夫惟不居，是以不去。"③

晋文公伐原，与大夫期三日。三日而原不降，文公令去之。军吏曰："原不过一二日将降矣。"君曰："吾不知原三日而不可得下也，以与大夫期，尽而不罢，失信得原，吾弗为也。"原人闻之曰："有君若此，可弗降也？"遂降。温人闻，亦请降。④故《老子》曰："窈兮冥兮，其中有精。其精甚真，其中有信。"故"美言可以市尊，美行可以加人"。⑤

---

① 见《老子》第二十七章。
② 逾之，谓克胜之。
③ 见《老子》第二章。
④ 围原事见《左传·僖公二十五年》。
⑤ "窈兮冥兮"四句，见《老子》第二十一章。"美言"二句，见《老子》第六十二章。但今本《老子》文微异。

道应篇

公仪休相鲁，而嗜鱼。一国献鱼，公仪子弗受。其弟子谏曰："夫子嗜鱼弗受，何也？"答曰："夫唯嗜鱼，故弗受。夫受鱼而免于相，虽嗜鱼不能自给鱼。毋受鱼而不免于相，则能长自给鱼。"此明于为人为己者也。① 故《老子》曰："后其身而身先，外其身而身存。非以其无私邪？故能成其私。"② 一曰："知足不辱。"③

狐丘丈人谓孙叔敖曰："人有三怨，子知之乎？"孙叔敖曰："何谓也？"对曰："爵高者士妒之，官大者主恶之，禄厚者怨处之。"孙叔敖曰："吾爵益高，吾志益下；吾官益大，吾心益小；吾禄益厚，吾施益博。是以免三怨，可乎？"④ 故《老子》曰："贵必以贱为本，高必以下为基。"⑤

大司马捶钩者⑥，年八十矣，而不失钩芒。大司马曰："子巧邪？有道邪？"曰："臣有守也。臣年

---

① 公仪休事见《韩非子·外储说右下》。
② 见《老子》第七章。
③ 见《老子》第四十四章。一曰，犹言"又曰"。
④ 孙叔敖语见《列子·说符》。
⑤ 见《老子》第三十九章。
⑥ 言大司马之捶钩者。捶，锻击。钩，钓钩。

二十，好捶钩。于物无视也，非钩无察也。"是以用之者，必假于弗用也，而以长得其用，而况持无不用者乎？物孰不济焉！①故《老子》曰："从事于道者，同于道。"②

文王砥德修政，三年而天下二垂归之。纣闻而患之曰："余夙兴夜寐，与之竞行，则苦心劳形。纵而置之，恐伐余一人。"崇侯虎曰："周伯昌行仁义而善谋，太子发勇敢而不疑，中子旦恭俭而知时。若与之从，则不堪其殃，纵而赦之，身必危亡。冠虽弊，必加于头，及未成，请图之。"屈商乃拘文王于羑里。于是散宜生乃以千金求天下之珍怪，得驺虞、鸡斯③之乘，玄玉百〔工〕玨④，大贝百朋⑤，玄豹、黄罴、青犴⑥、白虎文皮千合，以献于纣，因费仲而通。纣见而说之，乃免其身，杀牛而赐之。文王归，乃为玉门，筑灵台，相女童，击钟

---

① 捶钩事见《庄子·知北游》。
② 见《老子》第二十三章。
③ 驺虞，白虎黑文而仁，食自死之兽，日行千里。鸡斯，神马。
④ 玨，jué。二玉为一玨。
⑤ 二贝为一朋。
⑥ 犴，àn，胡地野犬。

鼓，以待纣之失也。纣闻之曰："周伯昌改道易行，吾无忧矣。"乃为炮烙，剖比干，剔孕妇，杀谏者。文王乃遂其谋。故《老子》曰："知其荣，守其辱，为天下谷。"①

成王问政于尹佚曰："吾何德之行而民亲其上？"对曰："使之以时，而敬顺之。"王曰："其度安〔在〕至？"曰："如临深渊，如履薄冰。"王曰："惧哉王人乎！"尹佚曰："天地之间，四海之内，善之则吾畜也，不善则吾仇也。昔夏、商之臣，反仇桀、纣而臣汤、武，宿沙之民皆自攻其君而归神农，此世之所明知也。如何其无惧也！"②故《老子》曰："人之所畏，不可不畏也。"③

跖之徒问跖曰："盗亦有道乎？"跖曰："奚适其〔无〕有道也！夫意而中藏者圣也，入先者勇也，出后者义也，分均者仁也，知可否者智也。五者不备而能成大盗者，天下无之。"由此观之，盗

---

① 见《老子》第二十八章。
② 成王事见《说苑·政理》。
③ 见《老子》第二十章。

贼之心，必托圣人之道而后可行。①故《老子》曰："绝圣弃智，民利百倍。"②

楚将子发好求技道之士，楚有善为偷者，往见曰："闻君求技道之士，臣楚市偷也，愿以技赍③一卒。"子发闻之，衣不给带，冠不暇正，出见而礼之。左右谏曰："偷者，天下之盗也，何为之礼？"君曰："此非左右之所得与。"后无几何，齐兴兵伐楚，子发将师以当之，兵三却。楚贤良大夫皆尽其计而悉其诚，齐师愈强。于是市偷进请曰："臣有薄技，愿为君行之。"子发曰："诺。"不问其辞而遣之。偷则夜解齐将军之帱帐而献之。子发因使人归之曰："卒有出薪者，得将军之帷，使归之于执事。"明〔又〕夕复往，取其枕。子发又使人归之。明〔日〕夕又复往，取其簪。子发又使归之。齐师闻之，大骇。将军与军吏谋曰："今日不去，楚〔君〕军恐取吾头。"乃还师而去。故曰：技无细而能薄，在人君用之耳。故《老子》曰："不善人，

---

① 盗跖及其徒之问答见《庄子·胠箧》。
② 见《老子》第十九章。
③ 赍，jī，具备，充当。

道应篇

善人之资也。"[1]

颜回谓仲尼曰:"回益矣。"仲尼曰:"何谓也?"曰:"回忘礼乐矣。"仲尼曰:"可矣,犹未也。"异日,复见曰:"回益矣。"仲尼曰:"何谓也?"曰:"回忘仁义矣。"仲尼曰:"可矣,犹未也。"异日,复见曰:"回坐忘矣。"仲尼遽然曰:"何谓坐忘?"颜回曰:"隳支体,黜聪明,离形去知,洞于化通,是谓坐忘。"仲尼曰:"洞则无善也,化则无常矣。而夫子荐[2]贤,丘请从之后。"[3]故《老子》曰:"载营魄抱一,能无离乎?专气至柔,能如婴儿乎?"[4]

秦穆公兴师,将以袭郑。蹇叔曰:"不可。臣闻袭国者,以车不过百里,以人不过三十里。为其谋未及发泄也,甲兵未及〔锐〕钝弊也,粮食未及乏绝也,人民未及罢病也,皆以其气之高与其力之盛〔至〕,是以犯敌能〔威〕灭,去之能速。今行数

---

[1] 见《老子》第二十七章。
[2] 荐,先。
[3] 颜回事见《庄子·大宗师》。
[4] 见《老子》第十章。

千里，又数绝诸侯之地以袭国，臣不知其可也。君重图之。"穆公不听。蹇叔送师，衰绖而哭之。师遂行，过周而东。郑贾人弦高矫郑伯之命，以十二牛劳秦师而宾之。三帅乃惧而谋曰："吾行数千里以袭人，未至而人已知之，其备必先成，不可袭也。"还师而去。当此之时，晋文公适薨，未葬，先轸言于襄公曰："昔吾先君与穆公交，天下莫不闻，诸侯莫不知。今吾君薨未葬，而不吊吾丧，而不假道，是死吾君而弱吾孤也。请击之。"襄公许诺。先轸举兵而与秦师遇于殽，大破之，禽其三帅以归。穆公闻之，素服庙临以说于众。①故《老子》曰："知而不知，尚矣；不知而知，病也。"②

齐王后死，王欲置后而未定，使群臣议。薛公欲中王之意，因献十珥而美其一。且日，因问美珥之所在，因劝立以为王后。齐王大说，遂尊重薛公。故人主之〔意〕嗜欲见于外，则为人臣之所制。故《老子》曰："塞其兑，闭其门，终身

---

① 穆公伐郑及郩之战，见《左传·僖公三十二年》及《僖公三十三年》。
② 见《老子》第七十一章。

道应篇

不勤。"①

卢敖游乎北海②,经乎太阴,入乎玄阙,③至于蒙谷④之上。见一士焉,深目而玄鬓,〔泪注〕渠⑤颈而鸢肩,丰上而杀下,轩轩然方迎风而舞。顾见卢敖,慢然下其臂,遁逃乎碑下。卢敖就而视之,方倦⑥龟壳而食蛤梨。卢敖与之语曰:"唯敖为背群离党,穷观于六合之外者,非敖而已乎?敖幼而好游,至长不渝解⑦。周行四极,唯北阴之未窥。今卒睹夫子于是,子殆可与敖为友乎?"若士者齤然⑧而笑曰:"嘻!子中州之民,宁肯而远至此。此犹光乎日月而载列星⑨,阴阳之所行,四时之所生。其比夫不名之地,犹窔奥也。⑩若我南游乎〔冈〕罔

---

① 见《老子》第五十二章。
② 卢敖,燕人。秦始皇召以为博士,使求神仙,亡而不返。
③ 太阴,北方。玄阙,北方之山。
④ 蒙谷,山名。
⑤ 渠,大。
⑥ 倦,蹲踞。
⑦ 渝解,改变,松懈。
⑧ 齤,quán。齤然,笑而见齿貌。
⑨ 言此地尚见日月列星之光。
⑩ 言我所游不名之地,以比若(指卢敖)所游者,则若犹游于窔奥耳。窔奥,室内。

寊之野，北息乎沉墨之乡，西穷窅冥之党，东〔开〕关鸿濛之光。此其下无地而上无天，听焉无闻，视焉〔无瞩〕则眴。此其外犹有汰沃之汜[①]。其余一举而千万里，吾犹未之能〔之在〕至。今子游始于此，乃语穷观，岂不〔亦〕远哉！然子处矣，吾与汗漫期于九垓之〔外〕上，吾不可以久〔驻〕。”若士举臂而竦身，遂入云中。卢敖仰而视之，弗见，乃止驾，心柸治[②]，悖若有丧也。曰：“吾比夫子，犹黄鹄与壤虫[③]也。终日行不离咫尺，而自以为远，岂不悲哉！”故《庄子》曰：“小年不及大年，小知不及大知；朝菌不知晦朔，蟪蛄不知春秋。”[④]此言明之有所不见也。

〔季〕孚子[⑤]治亶父三年，而巫马期絻[⑥]衣短褐，易容貌，往观化焉。见夜渔者得鱼则释之。巫马期问焉曰：“凡子所为渔者，欲得也。今得而释之，

---

① 汰沃，四海与天之际水流声。汜，水边。

② 柸治，不怡。

③ 壤虫，虫之幼。

④ 见《庄子·逍遥游》。

⑤ 孚子，子贱。

⑥ 巫马期，孔子弟子。絻，wèn，丧服。

何也？"渔者对曰："〔季〕孚子不欲人取小鱼也。所得者小鱼，是以释之。"巫马期归以报孔子曰："〔季〕孚子之德至矣！使人暗行，若有严刑在其侧者。〔季〕孚子何以至于此！"孔子曰："丘尝问之以治，言曰：'〔诚〕诚于此者刑于彼。'〔季〕孚子必行此术也。"故《老子》曰："去彼取此。"①

罔两问于景②曰："昭昭者，神明也？"景曰："非也。"罔两曰："子何以知之？"景曰："扶桑受谢，日照宇宙，③昭昭之光，辉烛四海，阖户塞牖，则无由入矣。若神明，四通并流，无所不及，上际于天，下蟠于地，化育万物，而不可为象，俯仰之间而抚四海之外。昭昭何足以明之！"故《老子》曰："天下之至柔，驰骋天下之至坚。"④

光耀问于无有曰："子果有乎？其果无有乎？"无有弗应也。光耀不得问，而就视其状貌，冥然忽然，视之不见其形，听之不闻其声，搏之不可得，

---

① 见《老子》第十二章。
② 罔两，影外之微阴。景，"影"的本字。
③ 扶桑，日所出之木。言扶桑受日光而炤宇宙。
④ 见《老子》第四十三章。

望之不可极也。光耀曰:"贵矣哉!孰能至于此乎?予能有无矣,未能无无也。及其为无无,又何从至于此哉?"①故《老子》曰:"无有入于无间,吾是以知无为之有益也。"②

白公胜虑乱,罢朝而立,倒杖策,锐上贯颐,③血流至地而弗知也。郑人闻之曰:"颐之忘,将何不忘哉!"此言精神之越于外,智虑之荡于内,则不能漏理其形也。是故神之所用者远,则所遗者近也。故《老子》曰:"不出户以知天下,不窥牖以见天道,其出弥远,其知弥少。"④此之谓也。

秦皇帝得天下,恐不能守,发边戍,筑长城,修关梁,设障塞,具传车,置边吏。然刘氏夺之,若转闭锤。昔武王伐纣,破之牧野,乃封比干之墓,表商容之闾,柴⑤箕子之门,朝成汤之庙,发钜桥之粟,散鹿台之钱,破鼓折枹,弛弓绝弦,去

---

① 光耀与无有之问答,见《庄子·知北游》。
② 见《老子》第四十三章。
③ 策,马捶。锐,zhuì。端有针以刺马,谓之锐。倒杖策,故锐贯颐。
④ 见《老子》第四十七章。
⑤ 柴,守护之。

道应篇

舍露宿以示平易，解剑带笏以示无仇。于此天下歌谣而乐之，诸侯执币相朝，三十四世不夺。故《老子》曰："善闭者，无关键而不可开也。善结者，无绳约而不可解也。"①

尹需学御，三年而无得焉，私自苦痛，常寝想之。中夜，梦受秋驾②于师。明日往朝，师望〔之〕而谓之曰："吾非爱道于子也，恐子不可予也。今日教子以秋驾。"尹需反走北面再拜曰："臣有天幸，今夕固梦受之。"③故《老子》曰"致虚极，守静笃，万物并作，吾以观其复"④也。

昔孙叔敖三得令尹，无喜志；三去令尹，无忧色。延陵季子，吴人愿一以为王而不肯。许由，让天下而弗受。晏子与崔杼盟，临死地不变其仪。此皆有所远通也。精神通于死生，则物孰能惑之？荆有佽非，得宝剑于干隊。还反度江，至于中流，阳侯之波，两蛟〔侠〕夹绕其船。佽非谓枻船者曰：

---
① 见《老子》第二十七章。
② 秋驾，善御之术。
③ 尹需事见《吕氏春秋·博志》。
④ 见《老子》第十六章。

淮南子

"尝有如此而得活者乎？"对曰："未尝见也。"于是佽非〔瞑目〕勃然瞋目攘臂拔剑曰："武士可以仁义之礼说也，不可劫而夺也。此江中之腐肉朽骨，弃剑而已，余有奚爱焉！"赴江刺蛟，遂断其头。船中人尽活，风波毕除，荆爵为执圭。孔子闻之曰："夫善〔载〕哉！不以腐肉朽骨弃剑者，佽非之谓乎？"①故《老子》曰："夫唯无以生为者，是贤于贵生焉。"②

齐人淳于髡以从说魏王，魏王辩之。约车十乘，将使荆，辞而行。〔人〕又以为从未足也，复以衡说，其辞若然。魏王乃止其行而疏其身。③失从〔心〕之志而又不能成衡之事，是其所以固也。夫言有宗，事有本。失其宗本，技能虽多，不若其寡也。故周鼎著倕而使龁其指，先王有以见大巧之不可为也。④故慎子⑤曰："匠人知为门，不能以

---

① 佽非事见《吕氏春秋·知分》。
② 见《老子》第七十五章。
③ 淳于髡事见《吕氏春秋·离谓》。
④ 倕，chuí，尧时巧工。周人铸鼎画像，铸倕身于鼎，使自衔其指，以戒后世不尚大巧为也。
⑤ 慎子，名到，齐人。

〔门〕闭,所以不知门也,故必杜然后能〔门〕开。"

墨者有田鸠者,欲见秦惠王,约车申辕,留于秦,周年不得见。客有言之楚王者,往见楚王。楚王甚悦之,予以节,使于秦。至因见〔予之将军之节〕惠王,见而说之。出舍,喟然而叹,告从者曰:"吾留秦三年,不得见,不识道之可以从楚也。物故有近之而远,远之而近者。"故大人之行,不〔掩〕扶以绳,至所极而已矣。此〔所谓〕《箟子》所谓"〔枭〕鸟飞而〔维〕准绳"者。[①]沣水之深,千仞而不受尘垢,投金铁〔针〕焉,则形见于外。非不深且清也,鱼鳖龙蛇莫之肯归也。是故石上不生五谷,秃山不游麋鹿,无所阴蔽〔隐〕也。

昔赵文子问于叔向曰:"晋六将军其孰先亡乎?"对曰:"中行、知氏。"文子曰:"何乎?"对曰:"其为政也,以苛为察,以切为明,以刻下为忠,以计多为功。譬之犹廓革者也,廓之,大则大矣,裂之道也。"故《老子》曰:"其政闷闷,其

[①] 言鸟飞虽不必如绳之直,然意南而南,意北而北,总期于还山集谷而后止,则亦与准于绳者无异,所谓"苟大意得,不以小缺为伤"也。盖以喻大人之行。

民纯纯,其政察察,其民缺缺。"①

景公谓太卜曰:"子之道何能?"对曰:"能动地。"晏子往见公,公曰:"寡人问太卜曰:'子之道何能?'对曰:'能动地。'地可动乎?"晏子默然不对。出见太卜曰:"昔吾见句星在〔房〕驷心之间,地其动乎?"太卜曰:"然。"晏子出,太卜走往见公曰:"臣非能动地,地固将动也。"田子阳闻之曰:"晏子默然不对者,不欲太卜之死,往见太卜者,恐公之欺也。晏子可谓忠于上而惠于下矣。"故《老子》曰:"方而不割,廉而不刿。"②

魏文侯觞诸大夫于曲阳。饮酒酣,文侯喟然叹曰:"吾独无豫让以为臣乎?"蹇重举白③而进之曰:"请浮④君。"君曰:"何也?"对曰:"臣闻之,有命之父母不知孝子,有道之君不知忠臣。夫豫让之君亦何如哉!"文侯受觞而饮,釂⑤不献,曰:

---

① 见《老子》第五十八章。
② 见《老子》第五十八章。
③ 举白,进酒。
④ 浮,指罚人饮酒。
⑤ 釂,jiào,饮酒尽。

"无管仲、鲍叔以为臣,故有豫让之功。"故《老子》曰:"国家昏乱有忠臣。"①

孔子观桓公之庙,有器焉谓之宥卮。孔子曰:"善哉!予得见此器。"顾曰:"弟子取水!"水至灌之,其中②则正,其盈则覆。孔子造然革容曰:"善哉!持盈者乎!"子贡在侧曰:"请问持盈?"曰:"益而损之。"曰:"何谓益而损之?"曰:"夫物盛而衰,乐极则悲,日中而移,月盈而亏。是故聪明睿智,守之以愚;多闻博辩,守之以陋;〔代〕武力毅勇,守之以畏;富贵广大,守之以俭;德施天下,守之以让。此五者,先王所以守天下而弗失也。反此五者,未尝不危也。"故《老子》曰:"服此道者不欲盈,夫唯不盈,故能弊而不新成。"③

武王问太公曰:"寡人伐纣,天下〔是〕谓臣杀其主而下伐其上也,吾恐后世之用兵不休,斗争不已,为之奈何?"太公曰:"甚善,王之问也!夫未得兽者,唯恐其创之小也;已得之,唯

---

① 见《老子》第十八章。
② 中,水半卮。
③ 见《老子》第十五章。

恐伤肉之多也。王若欲久持之,则塞民于兑①,道〔全〕令②为无用之事,烦扰之教。彼皆乐其业,〔供〕佚其情,昭昭而道冥冥。于是乃去其〔瞀〕鍪而载之〔木〕朮③,解其剑而带之笏。为三年之丧,令类不蕃。高辞卑让,使民不争。酒肉以通之,竽瑟以娱之,鬼神以畏之。繁文滋礼,以弇其质;厚葬久丧,以亶其家;含珠鳞,施纶组,以贫其财;深凿高垒,以尽其力。家贫族少,虑患者〔贫〕寡。以此移风,可以持天下弗失。"故《老子》曰"化而欲作,吾将镇之以无名之朴"④也。

---

① 兑,耳目鼻口。
② 道令,犹言"导使"。
③ 鍪,móu,首铠。朮,鹬鸟冠。
④ 见《老子》第三十七章。

诠言篇

洞同天地，浑沌为朴，未造而成物，谓之太一[①]。同出于一，所为各异，有鸟，有鱼，有兽，有虫，谓之〔分〕方物。方以类别，物以群分，性命不同，皆形于有，隔而不通，分而为万物，莫能〔及〕反宗。故动而谓之生，死而谓之穷。皆为物矣，非不物而物物者也，物物者亡乎万物之中。[②] 稽古太初，人生于无，形于有，有形而制于物。能反其所生，若未有形，谓之真人。真人者，未始分于太一者也。圣人不为名尸[③]，不为谋府，不为事任，不为智主。藏无形，行无迹，游无朕。不为福

---

① 太一，元神，总万物者。
② 不物之物，恍惚虚无。物物者，造万物者。此不在万物之中。
③ 尸，执掌、主持。

先，不为祸始，保于虚无，动于不得已。欲福者或为祸，欲利者或离害。故无为而宁者失其所以宁，则危；无事而治者失其所以治，则乱。星列于天而明，故人指之；义列于德而见，故人视之。人之所指，动则有章；人之所视，行则有迹。动有章则〔词〕诃，行有迹则议，故圣人掩明于不形，藏迹于无为。王子庆忌死于剑①，羿死于桃棓②，子路菹于卫，苏秦死于口。人莫不贵其所有而贱其所短，然而皆溺其所贵而极其所贱，所贵者有形，所贱者无朕也。故虎豹之强来射，猿狖之捷来措③。人能贵其所贱，贱其所贵，可与言至论矣。

自信者，不可以诽誉迁也；知足者，不可以势利诱也。故通性之情者，不务性之所无以为；通命之情者，不忧命之所无奈何；通于道者，物莫

---

① 王子庆忌，吴王僚之弟子，阖闾弑僚，庆忌勇健，亡在郑，阖闾畏之，使要离刺庆忌。
② 棓，大杖，以桃木为之，以击杀羿。按：《说山》篇云"羿死桃部不给射"，高注："桃部，地名。"与此说异。或谓《说山》篇注乃高注，而此篇则许注，故不同。
③ 措，谓绳以绊系之。

诠言篇

〔不〕足滑其〔调〕和①。詹何②曰:"未尝闻身治而国乱者也,未尝闻身乱而国治者也。矩不正,不可以为方;规不正,不可以为员。身者,事之规矩也,未闻枉己而能正人者也。"原天命,治心术,理好憎,适情性,则治道通矣。原天命则不惑祸福,治心术则不妄喜怒,理好憎则不贪无用,适情性则欲不过节。不惑祸福则动静循理,不妄喜怒则赏罚不阿,不贪无用则不以欲〔用〕害性,欲不过节则养性知足。凡此四者,弗求于外,弗假于人,反己而得矣。

天下不可以智为也,不可以慧识也,不可以事治也,不可以仁附也,不可以强胜也。五者,皆人才也,德不盛不能成一焉。德立则五无殆,五见则德无位矣。故得道则愚者有余,失道则智者不足。渡水而无游数③,虽强必沉;有游数,虽羸必遂。又

---

① 滑,扰乱。谓物莫能乱其天和。
② 詹何,战国时人,善术数。一日坐,弟子侍,有牛鸣于门外。弟子曰:"牛也,而白题。"何曰:"然,是黑牛也,而白在其角。"使人视之,果黑牛,而以布裹其角。
③ 游数,疑谓游术。

况托于舟航之上乎？为治之本，务在于安民；安民之本，在于足用；足用之本，在于勿夺时；勿夺时之本，在于省事；省事之本，在于节欲；节欲之本，在于反性；反性之本，在于去载①。去载则虚，虚则平，平者道之素也，虚者道之舍也。能有天下者必不失其国，能有其国者必不丧其家，能治其家者必不遗其身，能修其身者必不忘其心，能原其心者必不亏其性，能全其性者必不惑于道。故广成子②曰："慎守而内，周闭而外，多知为败。毋视毋听，抱神以静，形将自正。"不得之己而能知彼者，未之有也。故《易》曰："括囊，无咎无誉。"能成霸王者必得胜者也，能胜敌者必强者也，能强者必用人力者也，能用人力者必得人心也，能得人心者必自得者也，能自得者必柔弱也。强胜不若己者，至于与同，则格。③柔胜出于己者，其力不可度。④

---

① 去载，去浮华载于心者。载，亦谓装饰。《兵略》篇："载以银锡。"注："载，饰也。"
② 广成子，黄帝时人。
③ 言强者能胜不若己者；至于与己同等强者，则必格斗，而胜负未可知。
④ 出于己，谓优于己。柔胜优于己者，言以不战而胜人，故其力不可度。

故能以众不胜成大胜者,唯圣人能之。善游者,不学刺舟而便用之;劲觔①者,不学骑马而便居之;轻天下者,身不累于物,故能处之。泰王亶父处邠,狄人攻之,事之以皮币珠玉而不听,乃谢耆老而徙岐周,百姓携幼扶老而从之,遂成国焉。推此意,四世②而有天下,不亦宜乎!无以天下为者,必能治天下者。

霜雪雨露,生杀万物,天无为焉,犹之贵天也。厌文搔法③,治官理民者,有司也,君无事焉,犹尊君也。辟地垦草者后稷也,决河浚江者禹也,听狱制中者皋陶也,有圣名者尧也。故得道以御者,身虽无能,必使能者为己用。不得其道,伎艺虽多,未有益也。方船④济乎江,有虚船从一方来,触而覆之,虽有忮心⑤,必无怨色。有一人在其中,

---

① 觔,同"筋"。
② 四世,谓太王、王季、文王、武王。
③ 厌,持。搔,劳。校订者按:李哲明云:"厌"即"擪",与"搔"对文。《说文》:"擪,一指按也。""按"同"案",据也,据谓杖持,故此注径云"持也"。
④ 方船,并船。
⑤ 忮心,褊狭之心。

一谓张之，一谓歙之，①再三呼而不应，必以丑声随其后。向不怒而今怒，向虚而今实也。人能虚己以游于世，孰能訾之？释道而任智者必危，弃数而用才者必困。有以欲多而亡者，未有以无欲而危者也；有以欲治而乱者，未有以守常而失者也。故智不足免患，愚不足以至于失宁。守其分，循其理，失之不忧，得之不喜，故成者非所为也，得者非所求也。入者有受而无取，出者有授而无予，因春而生，因秋而杀，所生者弗得，所杀者非怨，则几于道也。

圣人不为可非之行，不憎人之非己也；修足誉之德，不求人之誉己也。不能使祸不至，信己之不迎也；不能使福必来，信己之不攘②也。祸之至也，非其求所生，故穷而不忧；福之至也，非其求所成，故通而弗矜③。知祸福之制不在于己也，故闲居而乐，无为而治。圣人守其所以④有，不求其所

---

① 持舟楫者，谓近岸为歙，远岸为张。
② 攘，排除、排斥。
③ 矜，自伐其功。
④ 以，通"已"。

诠言篇

未得。求其所〔无〕未得,则所有者亡矣;修其所已有,则所欲者至。故用兵者,先为不可胜,以待敌之可胜也;治国者,先为不可夺,以待敌之可夺也。舜修之历山而海内从化,文王修之岐周而天下移风。使舜趋天下之利而忘修己之道,身犹弗能保,何尺地之有?故治未固于不乱[1],而事为治者必危;行未固于无非,而急求名者必锉[2]也。福莫大无祸,利莫美不丧。动之为物,不损则益,不成则毁,不利则病,皆险也,道之者危。故秦胜乎戎而败乎殽[3],楚胜乎诸夏而败乎柏莒[4]。故道不可以劝〔而〕就利者,而可以宁避害者。故常[5]无祸不常有福,常无罪不常有功。

圣人无思虑,无设储[6],来者弗迎,去者弗将[7]。人虽东西南北,独立中央。故处众枉之中,不失其

---

[1] 固,一定。治未固于不乱,言为治未必不乱。
[2] 锉,cuò,折损、摧折。
[3] 言秦穆公胜西戎,为晋败于殽。
[4] 言楚昭王胜诸夏而为吴败于柏莒。柏莒,《左传》作"柏举"。
[5] 常,崇尚。
[6] 设储,犹言"预备"。
[7] 将,送。

直,天下皆流,独不离其坛域。故不为〔善〕好,不避丑,遵天之道;不为始,不专己,循天之理;不豫谋,不弃时,与天为期;不求得,不辞福,从天之则。不求所无,不失所得,内无〔旁〕奇祸,外无〔旁〕奇福。祸福不生,安有人贼?为善则观,为不善则议。观则生〔贵〕责,议则生患。故道术不可以进而求名,〔不〕而可以退而修身;不可以得利,而可以离害。故圣人不以行求名,不以智见誉。法〔修〕循自然,己无所与。虑不胜数,行不胜德,事不胜道。为者有不成,求者有不得。人有穷而道无不通,与道争则凶。故《诗》曰:"弗识弗知,顺帝①之则。"有智而无为,与无智者同道;有能而无事,与无能者同德。其智也,告之者至,然后觉其动也;其能也,使之者至,然后觉其为也。有智若无智,有能若无能,道理为正也。故功盖天下,不施其美;泽及后世,不有其名;道理通而人伪灭也。名与道不两明,人〔受〕爱名则道不用,道胜人则名息矣。道与人竞长。章人者,息

---

① 帝,指天,天即自然。

诠言篇

道者也。人章道息，则危不远矣。故世有盛名，则衰之日至矣。欲尸名者必为善，欲为善者必生事，事生则释公而就私，背数而任己。欲见誉于为善，而立名于为〔质〕贤，则治不〔修〕循故而事不〔须〕顺时。治不〔修〕循故则多责，事不〔须〕顺时则无功。责多功鲜，无以塞之，则妄发而邀当，妄为而要中。功之成也，不足〔以〕更①责；事之败也，〔不〕足以敝身。故重为善若重为非，〔而〕则几于道矣。天下非无信士也，临货分财，必探筹而定分，以为有心者之于平，不若无心者也。天下非无廉士也，然而守重宝者，必关户而〔全〕玺封，以为有欲者之于廉，不若无欲者也。人举其疵则怨人，鉴见其丑则善鉴。②人能接物而不与己焉，则免于累矣。③公孙龙粲于辞而贸名④，邓析巧辩而

---

① 更，抵偿。
② 鉴，镜。此言人举己之疵则必怨其人，镜照见己之丑则反赞美镜，以为此镜善。
③ 言人能接物而不有好憎，若镜之于形，则免于累矣。
④ 贸，变更，变易。公孙龙以白马非马、冰不寒、炭不热为论，故"贸"。

乱法①,苏秦善说而亡〔国〕身。由其道则善无章,〔修〕循其理则巧无名。故以巧斗力者,始于阳,常卒于阴②;以慧治国者,始于治,常卒于乱。使水流下,孰弗能治;激而上之,非巧不能。故文胜则质掩,邪巧则正塞之也。

德可以自修,而不可以使人暴;道可以自治,而不可以使人乱。虽有圣贤之〔宝〕资,不遇暴乱之世,可以全身,而未可以霸王也。汤、武之王也,遇桀、纣之暴也。桀、纣非以汤、武之贤而暴也,汤、武遭桀、纣之暴而王也。故虽贤王,必待遇。遇者,能遭于时而得之也,非智能所求而成也。君子修行而使善无名,布施而使仁无章,故士行善而不知善之所由来,民澹利而不知利之所由出。故无为而自治。善有章则士争名,利有本则民争功,二争者生,虽有贤者弗能治。故圣人掩迹于

---

① 邓析教郑人以讼,讼俱不曲,故子产以为乱法而诛之。按:《吕氏春秋·离谓》:"郑之富人有溺者,人得其死者,富人请赎之,其人求金甚多。以告邓析,邓析曰:'安之。人必莫之卖矣。'得死者患之,以告邓析,邓析又答之曰:'安之。此必无所更买矣。'"此亦足见邓析之巧辩。
② 阳,善。阴,恶。或说,阳,喜;阴,怒。

为善而息名于为仁也。外交而为援,事大而为安,不若内治而待时。凡事人者,非以宝币,必以卑辞。事以玉帛,则货殚而欲不厌;卑体婉辞,则谕说而交不结;约束誓盟,则约定而反无日。虽割国之锱锤以事人,而无自恃之道,不足以为全。若诚〔外〕释外交之策,而慎修其境内之事,尽其地力,以多其积,厉其民死,以牢其城,上下一心,君臣同志,与之守社稷,敩死而民弗离,则为名者不伐无罪,而为利者不攻难胜,此必全之道也。

民有道所同道,有法所同守,为义之不能相固,威之不能相必也,故立君以一民。君执一则治,无常则乱。君道者,非所以为也,所以无为也。何谓无为?智者不以位为事,勇者不以位为暴,仁者不以位为〔患〕惠,可谓无为矣。夫无为则得于一也。一也者,万物之本也,无敌之道也。凡人之性,少则猖狂,壮则暴强,老则好利。一人之身既数变矣,又况君数易法,国数易君!人以其位通其好憎,下之径衢,不可胜理。故君失一,则乱甚于无君之时。故《诗》曰:"不愆不忘,率由旧章。"此之谓也。

君好智则倍时而任己,弃数而用虑。天下之物博而智浅,以浅澹博,未有能者也。独任其智,失必多矣。故好智,穷术也。好勇则轻敌而简备,自俛而辞助,一人之力以御强敌,不杖众多而专用身,才必不堪也。故好勇,危术也。好与则无定分。上之分不定,即下之望无止。若多赋敛,实府库,则与民为仇。少取多与,数未之有也。故好与,来怨之道也。仁智勇力,人之美才也,而莫足以治天下。由此观之,贤能之不足任也,而道术之可修,明矣。

圣人胜心,众人胜欲。君子行正气,小人行邪气。内便于性,外合于义,循理而动,不系于物者,正气也。重于滋味,淫于声色,发于喜怒,不顾后患者,邪气也。邪与正相伤,欲与性相害,不可两立,一置一废,故圣人损欲而从〔事于〕性。目好色,耳好声,口好味,接而说之,不知利害〔嗜〕者,欲也。食之不宁于体,听之不合于道,视之不便于性,三官①交争,以义为制者,心也。

---

① 三官,三关。谓食、视、听。

诠言篇

割痤①疽非不痛也，饮毒药非不苦也，然而为之者，便于身也。渴而饮水非不快也，饥而大飧非不澹也，然而弗为者，害于性也。此四者，耳目〔鼻〕口不知所取去，心为之制，各得其所。由是观之，欲之不可胜明矣。凡治身养性，节寝处，适饮食，和喜怒，便动静，使在己者得，而邪气〔因而〕自不生，岂若忧瘕〔疵〕疝②之〔与〕兴，痤疽之发，而豫备之哉？夫函牛之鼎③沸，而蝇蚋弗敢入；昆山之玉瑱④，而尘垢弗能污也。圣人无去之心而心无丑，无取之美而美不失。故祭祀思亲不求福，飨宾修敬不思德，唯弗求者能有之。处尊位者，以有公道而无私说，故称尊焉，不称贤也；有大地者，以有常术而无铃谋，故称平焉，不称智也。内无暴事以离怨于百姓，外无贤行以见忌于诸侯，上下之礼袭而不离，而为论者莫然不见所观焉，此所谓藏无形者。非藏无形，孰能形？

---

① 痤，cuó，小肿。
② 瘕，jiǎ，腹中积块忽聚忽散者曰瘕。疝，shàn，腰腹疼痛之病。
③ 函牛之鼎，大足受一牛之鼎。
④ 瑱，tiàn，玉充耳。

淮南子

三代之所道者，因也。故禹决江河，因水也；后稷播种树谷，因地也；汤、武平暴乱，因时也。故天下可得而不可取也，霸王可受而不可求也。〔在〕任智则人与之讼，〔在〕任力则人与之争。未有使人无智者，有使人不能用其智于己者也；未有使人无力者，有使人不能施其力于己者也。①此两者常在久见。故君贤不见，则诸侯不备；不肖不见，则百姓不怨。百姓不怨，则民用可得；诸侯弗备，则天下之时可承。事所与众同也，功所与时成也，圣人无焉。故《老子》曰："虎无所措其爪，兕无所措其角。"盖谓此也。鼓不〔灭〕藏于声，故能有声；镜不〔没〕设于形，故能有形。②金石有声，弗叩弗鸣；管箫有音，弗吹无声。圣人内藏，不为物〔先〕倡，事来而制，物至而应。饰其外者伤其内，扶其情者害其神，见其文者蔽其质。无须臾忘为质者，必困于性；百步之中不忘其容者，必累其形。故羽翼美者伤骨骸，枝叶美者害根茎，能两美

---

① 此言不能使人智力不若己，但能使人不能以智力加于己。
② 言鼓本无声，击之而后有声；镜本无形，物来而后有形。

者，天下无之也。

天有明，不忧民之晦也，百姓穿户凿牖自取照焉；地有财，不忧民之贫也，百姓伐木芟草自取富焉。至德道者，若丘山，嵬然不动，行者以为期也①。直己而足物②，不为人赣③，用之者亦不受其德，故宁而能久。天地无予也，故无夺也；日月无德也，故无怨也。喜德者必多怨，喜予者必善夺。唯灭迹于无为，而随天地自然者，〔唯〕为能胜理④而〔为受〕无爱名。名兴则道不行，道行则人无位矣。故誉生则毁随之，善见则怨从之。利则为害始，福则为祸先。唯不求利者为无害，唯不求福者为无祸。侯而求霸者，必失其侯；霸而求王者，必丧其霸。故国以全为常，霸王其寄⑤也；身以生为常，富贵其寄也。能不以天下伤其国，而不以国害其身

---

① 行道之人，指以为期。
② 己，指山。言山特自生万物以足百姓，非为百姓故生万物。此以山喻有道者。
③ 赣，通"贡"。
④ 胜，能承担，禁得起。理，事理。
⑤ 寄，同"奇"；奇，犹言"反常"。

者,〔为〕焉①可以托天下也。

不知道者,释其所已有,而求其所未得也。苦心愁虑以行曲,故福至则喜,祸至则怖,神劳于谋,智遽于事②,祸福萌生,终身不悔,己之所生,③乃反愁人,不喜则忧,中未尝平,〔持〕𢹎④无所监,谓之狂生。

人主好仁则无功者赏,有罪者释;好刑则有功者废,无罪者诛。及无好者,诛而无怨,施而不德,放准循绳,身无与事,若天若地,何不覆载?故合而舍之者,君也;制而诛之者,法也。民已受诛,〔怨〕无所〔灭〕怨憾谓之道。道胜,则人无事矣。圣人无屈奇⑤之服,无瑰异之行,服不视,行不观,言不议,通而不华,穷而不慑,荣而不显,隐而不穷,异而不见怪,容而与众同,无以

---

① 焉,犹则。《老子》:"故贵以身为天下,若可寄天下。"《道应》篇引作"焉可以托天下",是其证。
② 遽,通"剧"。剧于事,谓劳于事。校订者按:《说文·力部》:"劳,剧也。"然则剧亦劳也。
③ 言祸福皆己所招。
④ 𢹎,古"握"字。
⑤ 屈奇,犹瑰异。

名之，此之谓大通。升降揖让，趋翔周游，不得已而为也。非性所有于身，情无符检①，行所不得已之事，而不解构耳，岂加故为哉②？故不得已而歌者，不事为悲；不得已而舞者，不矜为丽。歌舞而不事为悲丽者，皆无有根心者。善博者不欲牟③，不恐不胜，平心定意，〔捉〕投得其齐④，行由其理，虽不必胜，得筹必多。何则？胜在于数，不在于欲。馳⑤者不贪最先，不恐独后，缓急调乎手，御心调乎马，虽不能必先载，马力必尽矣。何则？先在于数，而不在于欲也。是故灭欲则数胜，弃智则道立矣。贾多端则贫，工多技则穷，心不一也。故木之大者害其条，水之大者害其深。有智而无术，虽钻之不通；有百技而无一道，虽得之弗能守。故《诗》曰："淑人君子，其仪一也。其仪一也，心如结也。"君子其结于一乎？

---

① 言非所乐。
② 言遭时宜而制礼，非故为。
③ 牟，谋取。
④ 投得其齐，谓投箸。
⑤ 馳，zhòu，赛马。

淮南子

舜弹五弦之琴,而歌《南风》之诗,以治天下。周公殽〔臑〕腝①不收于前,钟鼓不解于县,以辅成王,而海内平。匹夫百亩一守②,不遑启处,无所移之也。以一人兼听天下,日有余而治不足,使人为之也。处尊位者如尸,守官者如祝宰。尸虽能剥狗烧彘,弗为也,弗能无亏③;俎豆之列次,黍稷之先后,虽知弗教也,弗能无害④也。不能祝者,不可以为祝,无害于为尸;不能御者,不可以为仆,无害于为佐。故位愈尊而身愈佚,身愈大而事愈少。譬如张琴,小弦虽急,大弦必缓。无为者,道之体也;执后者,道之容也。无为制有为,术也;执后之制先,数也。放于术则强,审于数则宁。今与人卞氏之璧,未受者,先也;求而致之,虽怨不逆者,后也。三人同舍,二人相争,争者各自以为直,不能相听,一人虽愚,必从旁而决

---

① 殽,俎实。腝,ní,豆实。殽为牲体(即全牲),腝为有骨醢。
② 言百亩之田,一夫一妇守也。
③ 言虽弗能,亦无亏于事。
④ 言虽弗能,亦无害于事。

诠言篇

之，非以智，不争也。①两人相斗，一赢在侧，助一人则胜，救一人则免，斗者虽强，必制一赢，非以勇也，以不斗也。由此观之，后之制先，静之胜躁，数也。倍道弃数，以求苟遇，变常易故，以知要遮，过则自非，中则以为候，暗行缪改，终身不寤，此之谓狂。有祸则讪，有福则赢，有过则悔，有功则矜，遂不知反，此谓狂人。员之中规，方之中矩，行成兽，止成文，可以将少而不可以将众。②蓼菜成行，瓶瓯有堤③，量粟而舂，数米而炊，可以治家，而不可以治国。涤杯而食，洗爵而饮，浣而后馈④，可以养家老，而不可以飨三军。非易不可以治大，非简不可以合众。大乐必易，大礼必简。易故能天，简故能地。大乐无怨，大礼不责，四海

---

① 言从旁而决之者，非智于相争之二人，以其未尝加入争。
② 行成兽，说者不一。高诱注："有谓古礼执羔麋鹿，取其跪乳，群而不党。"言"有谓"，是高亦疑之。洪颐煊释为"有迹可法"，殊不妥。俞樾疑"兽"乃"献"字之误；献，贤也，言行则成贤善，止则成文采。蒋超伯引《泰族》篇"员中规，方中矩，动成兽，止成文，可以愉舞，而不可以陈军"，谓成兽成文，指习舞之容，并谓"可以将少"应作"可以愉舞"。然于成兽之义仍未详。
③ 堤，谓瓶瓯之底。
④ 馈，进食。

之内，莫不系统，故能帝也。

心有忧者，〔筐〕匡床衽席弗能安也，菰饭犓牛弗能甘也，琴瑟鸣竽弗能乐也。患解忧除，然后食甘寝宁，居安游乐。由是观之，生有以乐也，死有以哀也。今务益性之所不能乐，而以害性之所以乐，故虽富有天下，贵为天子，而不免为哀之人。凡人之性，乐恬而憎悯①，乐佚而憎劳。心常无欲，可谓恬矣；形常无事，可谓佚矣。游心于恬，舍形于佚，以俟天命，自乐于内，无急于外，虽天下之大，不足以易其一概，日月廋而无〔溉〕概于志②，故虽贱如贵，虽贫如富。大道无形，大仁无亲，大辩无声，大廉不嗛，大勇不矜，五者无弃，而几乡方③矣。军多令则乱，酒多约则辩。乱则降北，辩则相贼。故始于都者，常〔大〕卒于鄙；始于乐会，常〔大〕卒于悲。其作始简者，其终〔本〕卒必〔调〕獗④。今有美酒嘉肴以相宾飨，卑体婉辞以

---

① 悯，忧有所在。
② 廋，sōu，隐藏，藏匿。概，感貌。又介介于怀。
③ 方，道。乡方，言向于道。
④ 獗，diāo，多，大。

接之,欲以合欢,争盈爵之间①,乃反生斗,斗而相伤,三族结怨,反其所憎,此酒之败也。《诗》之失,僻;乐之失,刺;礼之失,责。徵音非无羽声也,羽音非无徵声也,五音莫不有声,而以徵羽定名者,以胜者也。②故仁义智勇,圣人之所备有也,然而皆立一名者,言其大者也。

阳气起于东北,尽于西南;阴气起于西南,尽于东北。阴阳之始,皆调适相似,日长其类,以侵③相远,或热焦沙,或寒凝水,故圣人谨慎其所积。水出于山而入于海,稼生于野而藏于廪,见所始则知终矣。席之上,先藿萑④;樽之上,先玄樽⑤;俎之上,先生鱼;豆之上,先泰羹⑥。此皆不快于耳目,不适于口腹,而先王贵之,先本而后末。圣人之接物,千变万轸,必有不化而应化者。夫寒之与暖相反,大寒地坼水凝,火弗为衰其〔暑〕热;大

---

① 爵所以饮,争满不满之间。
② 言举其著称者。
③ 侵,渐渐,逐渐。
④ 先藿萑,谓先以藿萑。萑,huán,苇族。
⑤ 樽,酒器,所尊者玄水。
⑥ 泰羹,不调五味。

〔热〕暑烁石流金，火弗为益其烈。寒暑之变，无损益于己，质有〔之〕定也。圣人常后而不先，常应而不唱；不进而求，不退而让；随时三年，时去我先；去时三年，时在我后；无去无就，中立其所。天道无亲，唯德是与。有道者不失时与人，无道者失于时而取人。直己而待命，时之至不可迎而反也；要遮而求合，时之去不可追而援也。故不曰我无以为而天下远，不曰我不欲而天下不至。

古之存己者，乐德而忘贱，故名不动志；乐道而忘贫，故利不动心。名利充天下，不足以概志，故廉而能乐，静而能澹。故其身治者，可与言道矣。自身以上，至于荒芒①，〔尔〕亦远矣。自死而天下无穷②，〔尔〕亦滔③矣。以数杂④之寿，忧天下之乱，犹忧河水之少，泣而益之也。龟三千岁，浮

---

① 荒芒，上古时。
② 言从己身死后以至天地之无穷。
③ 滔，漫长，广大。
④ 杂，通"匝"。从子至亥为一匝。《太平御览》引此，"杂"即作"匝"，而又引注曰："匝，犹至也，或作卒。卒，尽也。言垂尽之年，不足以忧天下之乱，犹泣不能使水多也。"

诠言篇

游^①不过三日,以浮游而为龟忧养生之具,人必笑之矣。故不忧天下之乱,而乐其身之治者,可与言道矣。君子为善,不能使福必来;不为非,而不能使祸无至。福之至也,非其所求,故不伐其功;祸之来也,非其所生,故不悔其行。内修极而横祸至者,皆天也,非人也。故中心常恬漠,不累〔积〕其德。狗吠而不惊,自信其情。故知道者不惑,知命者不忧。万乘之主卒,葬其骸于广野之中,祀其鬼神于明堂之上,神贵于形也。故神制形则〔形〕从,形胜神则〔神〕穷。^②聪明虽用,必反诸神,谓之太冲。

---

① 浮游,即蜉蝣。
② 言可使神制形,不可使形胜神。

人间篇

清净恬愉，人之性也；仪表规矩，事之制也。知人之性，其自养不勃；知事之制，其举错不惑。发一端，散无竟，总一筦，周八极，〔总一筦，〕谓之心。见本而知末，观指而睹归，执一而应万，握要而治详，谓之术。居知所为[①]，行知所之，事知所秉，动知所由，谓之道。道者，置之前而不輚[②]，错之后而不轩，内之寻常而不塞，布之天下而不窕。是故使人高贤称誉己者，心之力也；使人卑下诽谤己者，心之罪也。夫言出于口者，不可止于人；行发于迩者，不可禁于远。事者难成而易败也，名

---

① 知，zhì，同"智"。下三"知"字同。为，通"谓"。
② 輚，同"铚"。

人间篇

者难立而易废也。千里之堤,以蝼蚁之穴漏;百寻之屋,以突隙之〔烟〕熛焚①。《尧戒》曰:"战战栗栗,日慎一日,人莫蹪于山而蹪于〔蛭〕垤②。"是故人皆轻小害,易微事,以多悔。患至而后忧之,是犹病者已惓③而索良医也,虽有扁鹊、俞跗④之巧,犹不能生也。夫祸之来也,人自生之;福之来也,人自成之。祸与福同门,利与害为邻,非神圣人莫之能分。凡人之举事,莫不先以其知,规虑揣度,而后敢以定谋。其或利或害,此愚智之所以异也。晓〔自〕然自以为〔智〕知存亡之枢机,祸福之门户,举而用之,陷溺于难者,不可胜计也。使知所为是者事必可行,则天下无不达之途矣。是故知虑者,祸福之门户也;动静者,利害之枢机也。百事之变化,国家之治乱,待而后成。是故不溺于

---

① 突,灶突。熛,火星迸飞,也指迸飞的火焰。
② 蹪,tuí,踬仆。垤,dié,蚁封。
③ 惓,juàn,危急。
④ 扁鹊,战国郑人,姓秦,名越人,名医。俞跗,《群书治要》引作"俞夫",黄帝时医。《史记·扁鹊仓公列传》"医有俞跗"应劭注:"俞跗,黄帝时医。"《周礼》有"榆柎",《韩诗外传》有"踰跗",扬雄《解嘲》有"臾跗",并即俞跗。

难者成，是故不可不慎也。

天下有三危：少德而多宠，一危也；才下而位高，二危也；身无大功而受厚禄，三危也。故物或损之而益，或益之而损。何以知其然也？昔者楚庄王既胜晋于河、雍之间①，归而封孙叔敖，辞而不受，〔病疽将〕疒且死②，谓其子曰："吾则③死〔矣〕，王必封女。女必让肥饶之地，而受沙石之地，楚越之间，有有寝之丘者，其地确〔石〕而名丑。荆人鬼④，越人礼⑤，人莫之利也。"孙叔敖死，王果封其子以肥饶之地，其子辞而不受，请有寝之丘。楚国之〔俗〕法，功臣二世而〔爵〕夺禄，惟孙叔敖独存。此所谓损之而益也。何谓益之而损？昔晋厉公南伐楚，东伐齐，西伐秦，北伐燕，兵〔横〕行天下而无所绻⑥，威服四方而无所诎⑦，遂合诸侯于嘉

---

① 庄王败晋荀林父之师于邲；邲，河、雍地。
② 疒，痼。古疾病字止作"疒"。疒且死，即病且死。
③ 则，犹若。
④ 鬼，好事鬼。
⑤ 礼，jī，事鬼神以求福。
⑥ 绻，屈服。
⑦ 诎，qū，屈服，折服。

陵。气充志骄，淫佚无度，暴虐万民。内无辅拂之臣，外无诸侯之助。戮杀大臣，亲近导谀。明年出游匠骊氏，栾书、中行偃①劫而幽之，诸侯莫之救，百姓莫之哀，三月而死。夫战胜攻取，地广而名尊，此天下之所愿也，然而终于身死国亡。此所谓益之而损者也。夫孙叔敖之请有寝之丘、沙石之地，所以累世不夺也。晋厉公之合诸侯于嘉陵，所以身死于匠骊氏也。

众人皆知利利而病病也，唯圣人知病之为利，知利之为病也。夫再实之木根必伤，掘藏之家必有殃，以言大利而反为害也。张武教智伯夺韩、魏之地而禽于晋阳②，申叔时教庄王封陈氏之后而霸天下③。孔子读《易》至《损》《益》，未尝不愤然而叹曰："益损者，其王者之事与！"事或欲〔以〕利之，适足以害之；或欲害之，乃反以利之。利害之反，祸福之门〔户〕，不可不察也。阳虎为

---

① 栾书、中行偃，皆晋大夫。
② 张武，智伯臣。禽于晋阳，为赵襄子所杀。
③ 申叔时，楚大夫。庄王已灭陈，从申叔时之言，乃复之；庄王因以称霸于天下。

乱于鲁①，鲁君令人闭城门而捕之，得者有重赏，失者有重罪。围三匝，而阳虎将举剑而伯颐②。门者止之曰："天下探之不穷，我将出子！"阳虎因赴围而逐，扬剑提戈而走。门者出之，顾反取其出之者，以戈推之，攘袪薄腋③。出之者怨之曰："我非故与子〔反〕友也④，为之蒙死被罪而乃反伤我，宜矣其有此难也！"鲁君闻阳虎失，大怒，问所出之门，使有司拘之，以为伤者_{战斗者也}，不伤者为纵之者，伤者受〔大〕重赏，而不伤者被重罪。此所谓害之而反利之者也。何谓欲利之而反害之？楚恭王与晋人⑤战于鄢陵。战酣，恭王伤而休⑥。司马子反渴而求饮，竖阳穀奉酒而进之。子反之为人也，嗜酒而甘之，不能绝于口，遂醉而卧。恭王欲复战，使人召司马子反，辞以心〔痛〕疾。王驾而往视之，入幄中而闻酒臭。恭王大怒曰："今日之战，不穀

---

① 阳虎，季氏之臣，专鲁国之政。
② 伯，通"迫"，逼近。迫颐，言举剑将自刎。
③ 袪，袂。言刺破衣袂，刃且及于腋。
④ 言素与阳虎无交。
⑤ 晋人，晋厉公。
⑥ 晋人射恭王中目。

亲伤，所恃者司马也，而司马又若此，是亡楚国之社稷而不〔率〕恤吾众也。不穀无与复战矣！"于是罢师而去之，斩司马子反以为僇。故竖阳穀之进酒也，非欲祸子反也，诚爱而欲快之也，而适足以杀之。此所谓欲利之而反害之者也。夫病〔湿〕温而强之〔食〕餐，病喝①而饮之寒，此众人之所以为养也，而良医之所以为病也。悦于目，悦于心，愚者之所利也，然而有道者之所辟也。故圣人先忤而后合，众人先合而后忤。

有功者人臣之所务也，有罪者人臣之所辟也。或有功而见疑，或有罪而益信，何也？则有功者离恩义，有罪者不敢失仁心也。魏将乐羊攻中山，其子执在城中，城中县其子以示乐羊。乐羊曰："君臣之义，不得以子为私。"攻之愈急。中山人因烹其子，而遗之鼎羹与其首。乐羊循②而泣之曰："是吾子。"已，为使者跪而啜三杯。使者归报，中山人曰："是伏约死节者也，不可忍也。"遂降之。

---

① 喝，yè，伤暑。
② 循，通"揗"；揗，xún，抚摩。

为魏文侯大开地，有功。自此以后，日以不信。此所谓有功而见疑者也。何谓有罪而益信？孟孙①猎而得麑，使秦西巴持归烹之，麑母随之而啼。秦西巴弗忍，纵而予之。孟孙归，求麑安在，秦西巴对曰："其母随而啼，臣诚弗忍，窃纵而予之。"孟孙怒，逐秦西巴。居一年，取以为子傅。左右曰："秦西巴有罪于君，今以为子傅，何也？"孟孙曰："夫一麑而不忍，又何况于人乎！"此谓有罪而益信者也。故趋舍不可不审也。此公孙鞅之所以抵罪于秦，而不得入魏也。②功非不大也，然而累足无所践者，不义之故也。

事或夺之而反与之，或与之而反取之。智伯求地于魏宣子，宣子弗欲与之。任登曰："智伯之强，威行于天下，求地而弗与，是为诸侯先受祸也。不若与之。"宣子曰："求地不已，为之奈何？"任登曰："与之使喜，必将复求地于诸侯，诸侯必植耳③

---

① 孟孙，鲁大夫。
② 公孙鞅，商君。为秦伐魏，欺魏公子卬而杀之。后有罪走魏，魏人不入。
③ 植耳，竦耳而听。

与天下同心而图之。一心所得者，非直吾所亡也。"魏宣子裂地而授之。又求地于韩康子，韩康子不敢不予。诸侯皆恐。又求地于赵襄子，襄子弗与。于是智伯乃从韩、魏，围襄子于晋阳。三国通谋，禽智伯而三分其国。此所谓夺人而反为人所夺者也。何谓与之而反取之？晋献公欲假道于虞以伐虢，遗虞垂棘之璧与屈产之乘。虞公惑于璧与马，而欲与之道。宫之奇谏曰："不可。夫虞之与虢，若车之有〔轮〕辅，〔轮〕辅依于车，车亦依〔轮〕辅。虞之与虢，相恃而〔势〕存也。若假之道，虢朝亡而虞夕从之矣。"虞公弗听，遂假之道。荀息①伐虢，遂克之。还反伐虞，又拔之。此所谓与之而反取者也。

圣王布德施惠，非求〔其〕报于百姓也；郊望禘尝②，非求福于鬼神也。山致其高而云雨起焉，水致其深而蛟龙生焉，君子致其道而福禄归焉。夫有阴德者必有阳报，有〔阴〕隐行者必有昭名。古者沟防不修，水为民害，禹凿龙门，辟伊阙，平治水

---

① 荀息，晋大夫。
② 郊，祭天。望，祭日月星辰山川。禘、尝，祭宗庙。

土，使民得陆处。百姓不亲，五品不慎，契教以君臣之义，父子之亲，夫妻之辨，长幼之序。田野不修，民食不足，后稷乃教之辟地垦草，粪土种谷，令百姓家给人足。故三后之后，无不王者，有阴德也。周室衰，礼义废，孔子以三代之道，教导于世，其后继嗣至今不绝者，有隐行也。秦王赵政①兼吞天下而亡，智伯侵地而灭，商鞅支解，李斯车裂，三代种德而王，齐桓继绝而霸。故树黍者不获稷，树怨者无报德。

昔者宋人好善者，三世不解②。家无故而黑牛生白犊，以问先生。先生曰："此吉祥，以飨鬼神。"③居一年，其父无故而盲，牛又复生白犊。其父又复使其子以问先生。其子曰："前听先生言而失明，今又复问之，奈何？"其父曰："圣人之言，先忤而后合。其事未究，固试往复问之。"其子又复问先生。先生曰："此吉祥也，复以飨鬼神。"归，致

---

① 秦始皇名政，生于赵，故曰"赵政"。校订者按：杨树达云：注说误也。《史记·秦本纪》：秦之先本姓赵氏，故名赵政，非以生于赵也。
② 解，通"懈"，懈怠。
③ 言白犊纯色，可以为牺牲。

人间篇

命其父。其父曰："行先生之言也。"居一年，其子又无故而盲。其后楚攻宋，围其城。①当此之时，易子而食，析骸而炊，丁壮者死，老病童儿皆上城，牢守而不下。楚王大怒，城已破，诸城守者皆屠之。此独以父子盲之故，得无乘城。军罢围解，则父子俱视②。夫祸福之转而相生，其变难见也。近③塞上之人有善术者，马无故亡而入胡，人皆吊之。其父曰："此何遽不能为福乎？"居数月，其马将胡骏马而归，人皆贺之。其父曰："此何遽不能为祸乎？"家富良马，其子好骑，堕而折其髀，人皆吊之。其父曰："此何遽不能为福乎？"居一年，胡人大入塞，丁壮者〔引〕控弦而战，近塞之人，死者十九，此独以跛之故，父子相保。故福之为祸，祸之为福，化不可极，深不可测也。

或直于辞而不〔害〕周于事④者，或亏于耳〔以〕忤于心而合于实者。高阳魋⑤将为室，问匠人。匠

---

① 楚庄王时，围宋九月。
② 视，复明。
③ 近，谓近时。校订者按：杨树达云："近"自谓"附近"也。
④ 周，合。不周于事，言不合于事。
⑤ 高阳魋，宋大夫。

人对曰:"未可也。木尚生,加涂其上,必将挠。以生材任重涂,今虽成,后必败。"高阳魋曰:"不然。夫木枯则益劲,涂干则益轻。以劲材任轻涂,今虽恶,后必善。"匠人穷于辞,无以对,受令而为室。其始成,竘然①善也,而后果败。此所谓直于辞而不〔可用〕周于事者也。何谓亏于耳、忤于心而合于实?靖郭君将城薛②,宾客多止之,弗听。靖郭君谓谒者曰:"无为宾通言。"齐人有请见者,曰:"臣请道三言而已。过三言,请烹。"靖郭君闻而见之。宾趋而进,再拜而兴,因称曰:"海大鱼。"则反走。靖郭君止之曰:"愿闻其说。"宾曰:"臣不敢以死为熙③。"靖郭君曰:"先生不远道而至此,为寡人称之。"宾曰:"海大鱼,网弗能止也,钓弗能牵也,荡而失水,则蝼蚁皆得志焉。今夫齐,君之渊也。君失齐,则薛能自存乎?"靖郭君曰:"善。"乃止不城薛。此所谓亏于耳、忤于心而得事实者也。夫以无城薛止城薛,其于以行说,乃

---

① 竘,qǔ。竘然,高壮貌。
② 靖郭君,齐威王之子,封于薛。
③ 熙,戏。

人间篇

不若海大鱼。故物或远之而近，或近之而远。

或说听计当而身疏，或言不用、计不行而益亲。何以明之？三国①伐齐，围平陆。括子以报于牛子②，曰："三国之地不接于我，逾邻国而围平陆，利不足贪也。然则求名于我也。请以齐侯往。"牛子以为善。括子出，无害子③入。牛子以括子言告无害子。无害子曰："异乎臣之所闻。"牛子曰："国危不而〔不〕安，患结不而〔不〕解，何谓贵智？④"无害子曰："臣闻〔之有〕裂壤土以安社稷者，闻杀身破家以存其国者，不闻出其君以为封疆者。"牛子不听无害子之言而用括子之计，三国之兵罢，而平陆之地存。自此之后，括子日以疏，无害子日以进。故谋患而患解，图国而国存，括子之智得矣。无害子之虑无中于策，谋无益于国，然而心〔调〕周⑤于君，有义行也。今人待冠而饰首，

---

① 三国，韩、魏、赵。
② 括子、牛子，皆齐臣。
③ 无害子，亦齐臣。
④ 两"而"字，皆作"能"字解。言国危而不能安之，患结而不能解之，则何为贵智乎？
⑤ 周，相合。

待履而行地。冠履之于人也，寒不能暖，风不能障，暴不能蔽也，然而冠冠履履者，其所自托者然也。夫咎犯战胜城濮，而雍季无尺寸之功，然而雍季先赏而咎犯后存者，其言有贵者也。故义者，天下之所赏也。百言百当，不如择趋而审行也。

或无功而先举，或有功而后赏。何以明之？昔晋文公将与楚战城濮，问于咎犯曰："为之奈何？"咎犯曰："仁义之事，〔君子〕不厌忠信；战陈之事，不厌诈伪。君其诈之而已矣。"辞咎犯，问雍季。雍季对曰："焚林而猎，愈多得兽，后必无兽。以诈伪遇人，虽〔愈〕愉利，后将无复。①君其正之而已矣。"于是不听雍季之计，而用咎犯之谋。与楚人战，大破之。还归赏有功者，先雍季而后咎犯。左右曰："城濮之战，咎犯之谋也。君行赏，先雍季，何也？"文公曰："咎犯之言，一时之权也；雍季之言，万世之利也。吾岂可以〔先〕一时之权，而〔后〕先②万世之利也哉！"智伯率韩、

---

① 愉，通"偷"。谓虽偷取利而后不可复。
② 先，先之。

人间篇

魏二国伐赵,围晋阳,决晋水而灌之。城〔下〕中缘木而处,县釜而炊。襄子谓张孟谈曰:"城中力已尽,粮食匮〔乏〕,武①大夫病,为之奈何?"张孟谈曰:"亡不能存,危不能安,无为贵智〔士〕。臣请试潜行见韩、魏之君而约之。"乃见韩、魏之君,说之曰:"臣闻之,唇亡而齿寒。今智伯率二君而伐赵,赵将亡矣。赵亡,则二君之次矣。及今而不图之,祸将及二君。"二君曰:"智伯之为人也,粗中而少亲,我谋而泄,事必败,为之奈何?"张孟谈曰:"言出二君之口,入臣之耳,人孰知之者乎?且同情相成,同利相死,君其图之!"二君乃与张孟谈阴谋,与之期。张孟谈乃报襄子。至〔其〕期日之夜,赵氏杀其守堤之吏,决水灌智伯军。智伯军救水而乱,韩、魏翼而击之,襄子将卒犯其前,大败智伯军,杀其身而三分其国。襄子乃赏有功者,而高赫为赏首。群臣请曰:"晋阳之存,张孟谈之功也,而赫为赏首,何也?"襄子曰:"晋阳之围也,寡人国家危,社稷殆,群

---

① 武,士。《淮南》一书,通称士为武。

臣无不有骄侮之心者,唯赫不失君臣之礼,吾是以先之。"由此观之,义者人之大本也,虽有战胜存亡之功,不如行义之隆。故君子曰①:"美言可以市尊,美行可以加人。"

或有罪而可赏也,或有功而可罪也。何以明之?西门豹②治邺,廪无积粟,府无储钱,库无甲兵,官无计会。人数言其过于文侯。文侯身行其县,果若人言。文侯曰:"翟璜任子治邺而大乱,子能变道③则可,不能,将加诛于子。"西门豹曰:"臣闻王主富民,霸主富武,亡国富库。今王欲为霸王者也,臣故蓄积于民。君以为不然,臣请升城鼓之,甲兵粟米可立具也。"于是乃升城而鼓之。一鼓,民被甲括矢,操兵弩而出。再鼓,〔负〕服辇载粟而至④。文侯曰:"罢之。"西门豹曰:"与民约信,非一日之积也。一举而欺之,后不可复用也。燕常

---

① 此下所引二语,见《老子》第六十二章。此处"君"字疑为"老"字之讹。
② 西门豹,魏文侯臣。
③ 变道,谓变其道而行之。
④ 服,驾牛。辇,人挽车。服辇载粟而至,谓或驾牛,或挽车,载粟而至。

人间篇

侵魏八城，臣请北击之，以复侵地。"遂举兵击燕，复地而后反。此有罪而可赏者也。解扁为东封①，上计而入三倍，有司请赏之。文侯曰："吾土地非益广也，人民非益众也，入何以三倍？"对曰："以冬伐木而积之，于春浮之河而鬻之。"文侯曰："民春以力耕，〔暑〕夏以强耘，秋以收敛，冬间无事，〔以〕又伐林而积之，负辇而浮之河，是用民不得休息也。民以敝矣，虽有三倍之入，将焉用之！"此有功而可罪者也。

贤主不苟得，忠臣不苟利。何以明之？中行穆伯攻鼓弗能下②，馈闻伦曰："鼓之啬夫，闻伦知之，请无罢武大夫而鼓可得也。"③穆伯弗应。左右曰："不折一戟，不伤一卒，而鼓可得也，君奚为弗使？"穆伯曰："闻伦为人佞而不仁，若使闻伦下之，吾可以勿赏乎！若赏之，是赏佞人。佞人得志，是使晋国之武，舍仁而后佞，④虽得鼓，将何所

---
① 解扁，魏臣，治东封者。
② 中行穆伯，晋大夫。鼓，北翟。
③ 馈闻伦，晋人。啬夫，鼓之地方吏。言闻伦识此人，故可不战而下。
④ 武，士。后佞，犹言"从佞人之后"。

用之?"攻城者,欲以广地也。得地不取者,见其本而知其末也。秦穆公使孟盟举兵袭郑,过周以东。郑之贾人弦高、蹇他相与谋曰:"师行数千里,数绝诸侯之地,其势必袭郑。凡袭国者,以为无备也。今示以知其情,必不敢进。"乃矫郑伯之命,以十二牛劳之。三率①相与谋曰:"凡袭人者以为弗知,今已知之矣,守备必固,进必无功。"乃还师而反。晋先轸举兵击之,大破之殽。郑伯乃以存国之功赏弦高,弦高辞之曰:"诞而得赏,则郑国之信废矣。为国而无信,是俗败也。赏一人而败国俗,仁者弗为也。以不信得厚赏,义者弗为也。"遂以其属徙东夷,终身不反。

故仁者不以欲伤生,知者不以利害义。圣人之思修,愚人之思叕。②忠臣者务崇君之德,谄臣者务广君之地。何以明之?陈夏徵舒弑其君,楚庄王伐之,陈人听令。庄王以讨有罪,遣卒戍陈,大夫毕贺。申叔时使于齐,〔反〕及还而不贺。庄王曰:

---

① 三率,三帅,即白乙、孟盟(孟明)、西乞。
② 修,长。叕,短。

人间篇

"陈为无道,寡人起九军以讨之,征暴乱,诛罪人,群臣皆贺,而子独不贺,何也?"申叔时曰:"牵牛蹊人之田,田主杀其人而夺之牛。罪则有之,罚亦重矣。今君王以陈为无道,兴兵而攻,因以诛罪人,遣人戍陈。诸侯闻之,以王为非诛罪人也,贪陈国也。盖闻君子不弃义以取利。"王曰:"善。"乃罢陈之戍,立陈之后。诸侯闻之,皆朝于楚。此务崇君之德者也。张武为智伯谋曰:"晋六将军,中行文子最弱,而上下离心,可伐以广地。"于是伐范、中行。灭之矣,又教智伯求地于韩、魏、赵。韩、魏裂地而授之,赵氏不与,乃率韩、魏而伐赵,围晋阳三年。三国阴谋同计,以击智氏,遂灭之。此务为君广地者也。夫为君崇德者霸,为君广地者灭。故千乘之国,行文德者王,汤、武是也;万乘之国,好广地者亡,智伯是也。非其事者勿仞也,非其名者勿就也,〔无故有显名者勿处也,〕无功而富贵者勿居也。夫就人之名者废,仞人之事者败,无功而大利者后将为害。譬犹缘高木而望四方也,虽愉乐哉,然而疾风至,未尝不恐也。患及身然后忧之,六骥追之弗能及也。是故忠臣之事君也,计功而受赏，不为苟得；〔积〕量力而受官，不贪爵禄。其所能者，受之勿辞也；其所不能者，与之勿喜也。辞所能则匮，欲所不能则惑。辞所不能而受所能，则得无损堕之势，而无不胜之任矣。昔者智伯骄，伐范、中行而克之，又劫韩、魏之君而割其地，尚以为未足，遂兴兵伐赵。韩、魏反之，军败晋阳之下，身死高梁之东，头为饮器，国分为三，为天下笑。此不知足之祸也。《老子》曰："知足不辱，知止不殆，可以修久。"此之谓也。

或誉人而适足以败之，或毁人而乃反以成之。何以知其然也？费无忌复于荆平王曰："晋之所以霸者，近诸夏也，而荆之所以不能与之争者，以其僻远也。楚王若欲从诸侯，不若大城城父，而令太子建守焉，以来北方，王自收其南。是得天下也。"楚王悦之，因命太子建守城父，命伍〔子〕奢傅之。居一年，伍〔子〕奢游人于王侧①，言太子甚仁且勇，能得民心。王以告费无忌。无忌曰："臣固闻之，太子内抚百姓，外约诸侯，齐、晋又辅之，

---

① 言遣人游说于王之侧。

人间篇

将以害楚,其事已构矣。"王曰:"为我太子,又尚何求?"曰:"以秦女之事怨王。"王因杀太子建而诛伍〔子〕奢。此所谓见誉而为祸者也。何谓毁人而反利之?唐子短陈骈子于齐威王,威王欲杀之,陈骈子与其属出亡,奔薛。孟尝君闻之,使人以车迎之,至而养以刍豢黍粱,五味之膳,日三至。冬日被裘罽①,夏日服绤②纻,出则乘牢车,驾良马。孟尝君问之曰:"夫子生于齐,长于齐,夫子亦何思于齐?"对曰:"臣思夫唐子者。"孟尝君曰:"唐子者,非短子者耶?"曰:"是也。"孟尝君曰:"子何为思之?"对曰:"臣之处于齐也,粝粢③之饭,藜藿之羹,冬日则寒冻,夏日则暑伤。自唐子之短臣也,以身归君,食刍豢,饭黍粱,服轻暖,乘牢良,臣故思之。"此谓毁人而反利之者也。是故毁誉之言,不可不审也。

或贪生而反死,或轻死而得生,或徐行而反疾。何以知其然也?鲁人有为父报仇于齐者,刳其

---

① 罽,jì,氀毼之属,织毛为之者。
② 绤,chī,细葛。
③ 粝粢,lìzī,稻饼。粝,米不精。粢,六谷之总称。

腹而见其心，坐而正冠，起而更衣，徐行而出门，上车而步马，颜色不变。其御欲驱，抚而止之曰："今日为父报仇以出死，非为生也。今事已成矣，又何去之？"追者曰："此有节行之人，不可杀也。"解围而去之。使被衣不暇带，冠不及正，蒲伏而走，上车而驰，必不能自免于千步之中矣。今坐而正冠，起而更衣，徐行而出门，上车而步马，颜色不变，此众人所以为死也，而乃反以得活。此所谓徐而驰，迟于步也。夫走者，人之所以为疾也；步者，人之所以为迟也。今〔反〕乃反以人之所为迟者〔反〕为疾，明于分也。有知徐之为疾，迟之为速者，则几于道矣。故黄帝亡其玄珠，使离朱、〔捷〕剟①索之，而弗能得之也，于是使忽恍而后能得之。②

圣人敬小慎微，动不失时，百射重戒③，祸乃不滋。计福勿及，虑祸过之；同日被霜，蔽者不伤；愚者有备，与知者同功。夫爝火在缥烟之中也，一

---

① 离朱明目，捷剟敏捷善拾；二人相传皆黄帝时人。
② 旧注，忽恍亦黄帝臣，善忘之人。《庄子》所载，为此文所本。庄生特为寓言耳，未必捷剟、忽恍等固有其人。
③ 百射，百回射之。每射戒慎，是重戒。喻每事不怠懈。

人间篇

指所能息也；塘漏若鼷穴，一墣①之所能塞也。及至火之燔孟诸而炎云台，水决九江而渐荆州，虽起三军之众，弗能救也。夫积爱成福，积怨成祸。若痈疽之必溃也，所浼者多矣。诸御鞅复于简公②曰："陈成常、宰予二子者，甚相憎也。臣恐其构难而危国也，君不如去一人。"简公不听。居无几何，陈成常果攻宰予于庭中，而弑简公于朝。此不知敬小之所生也。鲁季氏与郈氏斗鸡。郈氏介其鸡，而季氏为之金距。③季氏之鸡不胜。季平子怒，因侵郈氏之宫而筑之。郈昭伯怒，伤之④。鲁昭公曰："祷于襄公之庙，舞者二人而已，其余尽舞于季氏。⑤季氏之无道无上，久矣！弗诛，必危社稷！"公以

---

① 墣，pú，土块。
② 简公，齐简公。
③ 郈，hòu。介其鸡，言以芥菜子涂其鸡翅。一说介者，作小铠着鸡头。金距，施金芒于距。
④ 伤之，犹毁潜之。
⑤ 鲁祷于襄公之庙，用六佾之舞，今仅二人，知余者皆为季氏盗用矣。或曰："二人"当作"二八"。古者八佾之舞以八人成列，一列八人，故列亦称八；二八者，二列也。季氏大夫，当用四佾，襄庙用六佾，今季氏僭用八佾，故于襄庙六佾之中取其四佾，并自有之四佾而成八佾；襄庙仅存二佾，即二列，故曰"二八"。

告子家驹。子家驹曰："季氏之得众，三家①为一。其德厚，其威强，君胡得之！"昭公弗听，使郈昭伯将卒以攻之。仲孙氏、叔孙氏相与谋曰："无季氏，死亡无日矣。"遂兴兵以救之。郈昭伯不胜而死，鲁昭公出奔齐。故祸之所从生者，始于鸡〔定〕足；及其大也，至于亡社稷。故蔡女荡舟，齐师大侵楚。②两人构怨，廷杀宰予，简公遇杀，身死无后，陈氏代之，齐乃无吕③。两家斗鸡，季氏金距，郈公作难，鲁昭公出走。故师之所处，生以棘楚④。祸生而不蚤灭，若火之得燥，水之得湿，浸而益大。痈疽发于指，其痛遍于体。故蠹〔啄〕剖〔剖〕梁柱，蚊虻走牛羊，此之谓也。

人皆务于救患之备，而莫能知使患无生。夫使患无生，易于救患，而莫能加务焉，则未可与言术也。晋公子重耳过曹，曹君欲见其骿胁，使之

---

① 三家，谓孟氏、叔孙、季氏。
② 齐桓公与蔡姬乘舟，姬荡舟，公惧，止之。姬弗听，公怒，归之蔡，未之绝也。蔡人嫁之。公伐楚，至召陵而胜之。
③ 无吕，谓无吕氏。
④ 楚，大荆。

祖而捕鱼。釐负羁止之曰："公子非常也。从者三人①，皆霸王之佐也。遇之无礼，必为国忧。"君弗听。重耳反国，起师而伐曹，遂灭之。身死人手，社稷为墟，祸生于袒而捕鱼。齐、楚欲救曹，不能存也。听釐负羁之言，则无亡患矣。今不务使患无生，患生而救之，虽有圣知，弗能为谋耳。患祸之所由来者，万端无方。是故圣人深居以避辱，静安以待时。小人不知祸福之门户，妄动而绁罗网，虽曲为之备，何足以全其身！譬犹失火而凿池，被裘而用箑也。且唐有万穴，塞其一，鱼何遽无由出？室有百户，闭其一，盗何遽无从入？夫墙之坏也于隙，剑之折必有啮。圣人见之〔密〕蚤，故万物莫能伤也。太宰子朱侍饭于令尹子国，令尹子国啜羹而热，〔投〕援卮浆而沃之。明日，太宰子朱辞官而归。其仆曰："楚太宰未易得也，辞官去之，何也？"子朱曰："令尹轻行而简礼，其辱人不难。"明年，伏郎尹而笞之三百。夫上仕者，先避患而后就利，先远辱而后求名，太宰子朱之见终始微矣。夫鸿

---

① 三人，谓狐偃、赵衰、胥臣。

鹄之未孚于卵也，一指蔑之，则靡而无形矣；及至其筋骨之已就，而羽翮之既成也，则奋翼挥䎉①，凌乎浮云，背负青天，膺摩赤霄②，翱翔乎忽荒之上，析惕乎虹蜺之间，虽有劲弩利矰微缴，蒲且子之巧，亦弗能加也。江水之始出于岷山也，可攘衣而越也；及至乎下洞庭，鹜石城，经丹徒，起波涛，舟杭③一日不能济也。是故圣人者常从事于无形之外，而不留思尽虑于成事之内，是故患祸弗能伤也。

人或问孔子曰："颜回何如人也？"曰："仁人也。丘弗如也。""子贡何如人也？"曰："辩人也。丘弗如也。""子路何如人也？"曰："勇人也。丘弗如也。"宾曰："三人皆贤夫子而为夫子役，何也？"夫子曰："丘能仁且忍，辩且讷，勇且怯。以三子之能，易丘一道，丘弗为也。"孔子知所施之也。

秦牛缺④径于山中，而遇盗，夺之车马，解其

---

① 䎉，huì，本作"䎉"，六翮之末。
② 赤霄，飞云。
③ 杭，同"航"。
④ 牛缺，隐士。

人间篇

橐笥，拖①其衣被。盗还反顾之，无惧色忧志，欢然有以自得也。盗遂问之曰："吾夺子财货，劫子以刀，而志不动，何也？"秦牛缺曰："车马所以载身也，衣服所以掩形也，圣人不以所养害其养。"盗相视而笑曰："夫不以欲伤生，不以利累形者，世之圣人也。以此而见王者，必且以我为事也。"还反杀之。此能以知知矣，而未能以知不知也；能勇于敢，而未能勇于不敢也。凡有道者，应卒而不乏，遭难而能免，故天下贵之。今知所以自行也，而未知所以为人行也，其所论未之究者也。人能由昭昭于冥冥，则几于道矣。《诗》曰："人亦有言，无哲不愚。"此之谓也。

事或为之，适足以败之；或备之，适足以致之。何以知其然也？秦皇挟录图，见其传曰②："亡秦者，胡也。"因发卒五十万，使蒙公、杨翁子将，筑修城③，西属流沙，北〔击〕罄④辽水，东结朝鲜，

---

① 拖，夺。
② 录，同"箓"；录图，犹言"谶图"。传者，图中之注释。
③ 修城，即长城。刘安避父讳，故凡长字均改为"修"字。
④ 罄，qì，尽。

淮南子

中国内郡挽车而饷之。又利越之犀角、象齿、翡翠、珠玑,乃使尉屠睢发卒五十万,为五军,一军塞镡城之岭,一军守九疑之塞,一军处番禺之都,一军守南野之界,一军结余干之水,三年不解甲驰弩,使监禄〔无以〕转饷。又以卒凿渠而通粮道,以与越人战,杀西呕①君译吁宋。而越人皆入丛薄中与禽兽处,莫肯为秦虏。相置桀骏以为将,而夜攻秦人,大破之,杀尉屠睢,伏尸流血数十万。乃发适戍以备之。当此之时,男子不得修农亩,妇人不得剡麻考缕②,羸弱服格于道,大夫箕会③于衢,病者不得养,死者不得葬。于是陈胜起于大泽,奋臂大呼,天下席卷而至于戏④。刘、项兴义兵,随而定,若折槁振落,遂失天下。祸在备胡而利越也。欲知筑修城以备亡,不知筑修城之所以亡也;发适戍以备越,而不知难之从中发也。夫鹊先识岁之多

---

① 西呕,越地。
② 剡,yǎn,揖,搓。考,制成。
③ 箕会,以箕于衢会敛。
④ 戏,地名,在新丰。

人间篇

风也,去高木而巢扶枝①,大人过之则探鷇,婴儿过之则挑其卵,知备远难而忘近患。故秦之设备也,乌鹊之智也。

或争利而反强之,或听从而反止之。何以知其然也?鲁哀公欲西益宅,史争之,以为西益宅不祥。哀公作色而怒,左右数谏不听,乃以问其傅宰折睢曰:"吾欲益宅而史以为不祥,子以为何如?"宰折睢曰:"天下有三不祥,西益宅不与焉。"哀公大悦而喜,顷复问曰:"何谓三不祥?"对曰:"不行礼义,一不祥也;嗜欲无止,二不祥也;不听强谏,三不祥也。"哀公默然深念,愤然自反,遂不西益宅。夫史以争为可以止之,而不知不争而反取之也。智者离路而得道,愚者守道而失路。夫兒说②之巧于闭结无不解,非能闭结而尽解之也,不解不可解也。至乎以弗解解之者,可与及言论矣。

或明礼义、推道体而不行,或解构妄言而反当。何以明之?孔子行〔游〕于东野,马失③,食农夫之

---

① 扶枝,旁枝。
② 兒说,宋大夫。
③ 失,逃走。

稼,野人怒,取马而系之。子贡往说之,〔卑〕毕辞而不能得也。孔子曰:"夫以人之所不能听说人,譬以大牢享野兽,以九韶乐飞鸟也。予之罪也,非彼人之过也。"乃使马圉往说之。至见野人曰:"子耕于东海,至于西海,吾马之失,安得不食子之苗?"野人大喜,解马而与之。说若此其无方也,而反行。事有所至而巧不若拙,故圣人量凿而正枘。夫歌《采菱》,发《阳阿》,鄙人听之,不若〔此〕《延露》①以和〔路阳局〕,非歌者拙也,听者异也。故交画不畅,连环不解,物之不通者,圣人不争也。

　　仁者百姓之所慕也,义者众庶之所高也。为人之所慕,行人之所高,此严父之所以教子,而忠臣之所以事君也。然世或用之而身死国亡者,不〔同〕周于时也。昔徐偃王好行仁义,陆地之朝者三十二国。王孙厉谓楚庄王曰:"王不伐徐,必反朝徐。"王曰:"偃王,有道之君也,好行仁义,不可伐。"王孙厉曰:"臣闻之,大之与小,强之与弱也,犹石之投卵,虎之啖豚,又何疑焉?且夫为文而不

---

① 《延露》,鄙歌曲。

人间篇

能达其德,为武而不能任其力,乱莫大焉。"楚王曰:"善。"乃举兵而伐徐,遂灭之。此知仁义而不知世变者也。申菽、杜茝①,美人之所怀服也,及渐之于滫②,则不能保其芳矣。古者五帝贵德,三王用义,五霸任力。今取帝王之道而施之五霸之世,是由乘骥逐人于榛薄而蓑笠盘旋也。今霜降而树谷,冰泮而求获,欲其食则难矣。故《易》曰"潜龙勿用"者,言时之不可以行也。故"君子终日乾乾,夕惕若厉,无咎"。终日乾乾,以阳动也;夕惕若厉,以阴息也。因日以动,因夜以息,唯有道者能行之。夫徐偃王为义而灭,燕子哙行仁而亡,哀公好儒而削,代君为墨而残。灭亡削残,暴乱之所致也,而四君独以仁义儒墨而亡者,遭时之务异也。非仁义儒墨不可行,非其世而用之,则为之禽矣。夫戟者,所以攻城也;镜者,所以照形也。宫人得戟则以刈葵,盲者得镜则以盖卮,不知所施之也。故善鄙〔不〕同,诽誉在俗;趋舍〔不〕同,逆顺

---

① 申菽、杜茝,皆香草。
② 滫,xiǔ,臭汁。

在君。狂谲不受禄而诛,段干木辞相而显,所行同也,而利害异者,时使然也。故圣人虽有其志,不遇其世,仅足以容身,何功名之可致也!知天之所为,知人之所行,则有以〔任〕径①于世矣。知天而不知人,则无以与俗交;知人而不知天,则无以与道游。

单豹倍世离俗,岩居谷饮,不衣丝〔麻〕帛,不食五谷,行年七十,犹有童子之〔颜〕色,卒而遇饥虎,杀而食之。张毅好恭,过宫室廊庙必趋,见门间聚众必下,厮徒马圉,皆与伉礼,然不终其寿,内热而死。②豹养其内而虎食其外,毅修其外而疾攻其内。故直意适情,则坚强贼之;以身役物,则阴阳食之。此皆载务而戏乎其调者也。得道之士,外化而内不化。外化,所以入人也;内不化,所以全其身也。故内有一定之操,而外能诎伸、赢缩、卷舒,与物推移,故万举而不陷。所以贵圣人者以其能龙变也。今捲捲然守一节,推一行,虽以

---

① 径,行。
② 单豹、张毅事见《庄子·达生》。

人间篇

毁碎灭沉，犹且弗易者，此察于小好而塞于大道也。

赵宣孟活饥人于委桑之下，而天下称仁焉；荆佽非犯〔河〕江中之难，不失其守，而天下称勇焉①：是故见小行则可以论大体矣。田子方见老马于道，喟然有志焉，以问其御曰："此何马也？"其御曰："此故公家畜也，老罢而不为用，出而鬻之。"田子方曰："少而贪其力，老而弃其身，仁者弗为也。"束帛以赎之。罢武闻之，知所归心矣。齐庄公出猎，有一虫举足将搏其轮，问其御曰："此何虫也？"对曰："此所谓螳螂者也。其为虫也，知进而不知却，不量力而轻敌。"庄公曰："此为人而必为天下勇武矣！"回车而避之。勇武闻之，知所尽死矣。故田子方隐一老马而魏国载之，齐庄公避一螳螂而勇武归之。汤教祝网者，而四十国朝；②文王葬死人之骸，而九夷归之；③武王荫喝人

---

① 荆佽非事，已见《道应》篇。
② 昔汤出田，见四面张网者，汤教去其三面，祝曰："欲上者上，欲下者下，无入吾网。"
③ 文王治灵台，得死人之骨，葬以五大夫之礼。

于樾下①,左拥而右扇之,而天下怀其德;越王勾践一决狱不辜,援龙渊而切其股,血流至足,以自罚也,而战武〔士必其〕毕死。故圣人行之于小,则可以覆大矣;审之于近,则可以怀远矣。孙叔敖决期思之水,而灌雩娄②之野,庄王知其可以为令尹也。子发辩击剧而劳佚齐③,楚国知其可以为兵主也。此皆形于小微而通于大理者也。

圣人之举事,不加忧焉,察其所以而已矣。今万人调钟,不能比之律;诚得知者,一人而足矣。说者之论,亦犹此也。诚得其数,则无所用多矣。夫车之所以能转千里者,以其要在三寸之辖。夫劝人而弗能使也,禁人而弗能止也,其所由者非理也。昔者卫君朝于吴,吴王囚之,欲流之于海,说者冠盖相望,而弗能止。鲁君④闻之,撤钟鼓之县,缟素而朝。仲尼入见曰:"君胡为有忧

---

① 武王哀喝者之热,故荫之于樾下。樾下,众树之虚。一说,楚人树上大本小,如车盖状,为越。越、樾古同字。
② 雩娄,楚邑。校订者按:雩娄,古县名,春秋吴地。后属楚。
③ 辩,次第。言次第击剧之赏,罢劳如有等。
④ 鲁君,鲁哀公。

色?"鲁君曰:"诸侯无亲,以诸侯为亲;大夫无党,以大夫为党。今卫君朝于吴王,吴王囚之而欲流之于海,孰①〔意〕卫君之仁义而遭此难也!吾欲免之而不能,为奈何?"仲尼曰:"若欲免之,则请子贡行。"鲁君召子贡,授之将军之印。子贡辞曰:"贵无益于解患,在所由之道。"敛躬而行,至于吴,见太宰嚭。太宰嚭甚悦之,欲荐之于王。子贡曰:"子不能行说于王,奈何吾因子也!"②太宰嚭曰:"子焉知嚭之不能也?"子贡曰:"卫君之来也,卫国之半曰:'不若朝于晋。'其半曰:'不若朝于吴。'然卫君以为吴可以归骸骨也,故束身以受命。今子受卫君而囚之,又欲流之于海,是赏言朝于晋者,而罚言朝于吴也。且卫君之来也,诸侯皆以为蓍龟兆③,今朝于吴而不利,则皆移心于晋矣。子之欲成霸王之业,不亦难乎!"太宰嚭入,复之于王,王报④,出令于百官曰:"比十日而卫君

---

① 孰,何。
② 谓依以进身。
③ 谓以卜朝吴之吉凶。
④ 报,犹诺。

之礼不具者,死。"子贡可谓知所以说矣。鲁哀公为室而大,公宣子谏曰:"室大,众与人处则哗,少与人处则悲,愿公之适。"公曰:"寡人闻命矣。"筑室不辍。公宣子复见曰:"国小而室大,百姓闻之必怨吾君,诸侯闻之必轻吾国。"鲁君曰:"闻命矣。"筑室不辍。公宣子复见曰:"左昭而右穆,为大室以临二先君之庙,得无害于子乎?"公乃令罢役,除版而去之。鲁君之欲为室诚矣,公宣子止之必矣,然三说而一听者,其二者非其道也。夫临河而钓,日入而不能得一鲦鱼者,非江河鱼不食也,所以饵之者非其欲也。及至良工执竿投而摆唇吻者,能以其所欲而钓者也。夫物无不可奈何,有人无奈何。①铅之与丹,异类殊色,而可以为丹者,得其数也。故繁称文辞,无益于说,审其所由而已矣。

物类之相摩,近而异门户者,众而难识也。故或类之而非,或不类之而是,或若然而不然者,或不〔若〕然而然者。谚曰:"鸢堕腐鼠,而虞氏以

---

① 言物皆可术而治,事有人材所不及,无奈之何。

人间篇

亡。"何谓也？曰："虞氏，梁之大富人也，家充盈殷富，金钱无量，财货无赀。升高楼，临大路，设乐陈酒，〔积〕击博其上。游侠相随而行楼下，博上者射朋张，中反两[①]而笑，飞鸢适堕其腐鼠而中游侠。游侠相与言曰：'虞氏富乐之日久矣，而常有轻易人之志。吾不敢侵犯，而乃辱我以腐鼠。如此不报，无以立〔务〕矜[②]于天下，请与公僇力一志，悉率徒属，而必以灭其家。'其夜乃攻虞氏，大灭其家。"此所谓类之而非者也。何谓非类而是？屈建告石乞曰："白公胜将为乱。"石乞曰："不然。白公胜卑身下士，不敢骄贤，其家无筦籥之信，关楗之固，大斗斛以出，轻斤两以内。而乃论之，以不宜也。"屈建曰："此乃所以反也。"居三年，白公胜果为乱，杀令尹子椒、司马子期。此所谓弗类而是者也。何谓若然而不然？子发为上蔡令，民有罪当刑，狱断论定，决于令〔尹〕前，子发喟然有凄怆之心。罪人已刑，而不忘其恩。此其后子发盭

---

① 射朋张，上棋中之，以一反两。
② 矜，威势。

罪威王而出奔①，刑者遂袭恩者②，恩者逃之于城下之庐，追者至，蹋足而怒，曰："子发〔视〕亲决吾罪，而被吾刑，怨之憯于骨髓。使我得其肉而食之，其知厌乎！"追者以为然而不索其内，果活子发。此所谓若然而不然者。何谓不然而〔若〕然者？昔越王勾践卑下吴王夫差，请身为臣，妻为妾，奉四时之祭祀，而入春秋之贡职，委社稷，效民力，〔隐〕居为隐蔽而战为锋行，礼甚卑，辞其服，其离叛之心远矣。然而甲卒三千人以禽夫差于姑胥。此四策者，不可不审也。夫事之所以难知者，以其窜端匿迹，立私于公，倚邪于正，而以胜惑人之心者也。若使人之所怀于内者，与所见于外者，若合符节，则天下无亡国败家矣。夫狐之〔捕〕搏雉也，必先卑体〔弥耳〕弭毛以待其来也。雉见而信之，故可得而禽也。使狐瞋目植睹③，见必

---

① "盘罪"二字，甚为无义。"盘"字疑本作"服"（"服"古字与"般"字形近而误，"般"复误为"盘"），"服"者"负"之假字。服罪威王而出奔，言负罪威王而出奔。
② 刑者，谓子发。恩者，谓昔受刑而感恩之人。袭，出其不意而来。
③ 植睹，一说竖尾。一说"睹"字当作"耆"，耆即鬐，背上鬣。植耆者，言狐怒而背上毛直竖耳。

杀之势,雄亦知惊惮远飞以避其怒矣。夫人伪之相欺也,非直禽兽之诈计也,物类相似若然而不可从外论者,众而难识矣,是故不可不察也。

要略篇①

夫作为书论者，所以纪纲道德，经纬人事，上考之天，下揆之地，中通诸理，虽未能抽引玄妙之中才②，繁然足以观终始矣。总要举凡，而语不剖判纯朴，靡散大宗③，惧〔为〕人之惛惛然弗能知也，故多为之辞，博为之说，又恐人之离本就末也。故言道而不言事，则无以与世浮沉；言事而不言道，则无以与化游息。故著二十篇：有《原道》，有《俶真》，有《天文》，有《地形》，有《时则》，有《览冥》，有《精神》，有《本经》，有《主术》，有

---

① 作《鸿烈》之书二十篇，略数其要，明其所指，序其微妙，论其大体，故曰"要略"。
② 才，通"哉"。
③ 大宗，事本。

《缪称》，有《齐俗》，有《道应》，有《氾论》，有《诠言》，有《兵略》，有《说山》，有《说林》，有《人间》，有《修务》，有《泰族》也。

《原道》者，卢牟①六合，混沌万物，象太一之容，测窈冥之深，以翔虚无之轸②。托小以苞大，守约以治广，使人知先后之祸福，动静之利害。诚通其志，浩然可以大观矣。欲一言而寤，则尊天而保真；欲再言而通，则贱物而贵身；欲参言而究，则外物而反情。执其大指，以内洽五藏，瀸〔濇〕渍③肌肤，被服法则，而与之终身，所以应待万方，览耦④百变也。若转丸掌中，足以自乐也。

《俶真》者，穷逐终始之化，嬴垺⑤有无之精，离别万物之变，合同死生之形，使人遗物反己，审仁义之间，通同异之理，观至德之统，知变化之纪，说符玄妙之中，通〔回〕迵造化之母⑥也。

---

① 卢牟，犹规模。
② 轸，道畛。
③ 瀸，jiān，浸渍，浸润。瀸渍，犹渐渍。
④ 耦，通。
⑤ 嬴，环绕。垺，摩烦。
⑥ 迵，亦通。通迵造化之母，谓通乎造化之原。

《天文》者，所以和阴阳之气，理日月之光，节开塞之时，列星辰之行，知逆顺之变，避忌讳之殃，顺时运之应，法五神之常，使人有以仰天承顺，而不乱其常者也。

《地形》者，所以穷南北之修，极东西之广，经山陵之形，区川谷之居，明万物之主，知生类之众，列山渊之数，规远近之路，使人通〔回〕迥周备，不可动以物，不可惊以怪者也。

《时则》者，所以上因天时，下尽地力，据度行当，合诸人则，形十二节，以为法式，终而复始，转于无极，因循仿依，以知祸福，操舍开塞，各有龙忌①，发号施令，以时教〔期〕綦②，使君人者知所以从事。

《览冥》者，所以言至精之通九天也，至微之沦无形也，纯粹之入至清也，昭昭之通冥冥也。乃始揽物引类，览取挢掇③，浸想宵类④，物之可以喻意

---

① 中国以鬼神之事曰忌，北胡、南越皆谓之请龙。
② 綦，jì，启发，教导。
③ 挢，jiǎo，取。校订者按：挢掇，拾取。
④ 浸，微视。宵，物似。类，众多。

象形者，乃以穿通窘滞，决渎壅塞，引人之意，系之无极，乃以明物类之感，同气之应，阴阳之合，形埒之朕，所以令人远观博见者也。

《精神》者，所以原本人之所由生，而晓寤其形骸九窍，取象与天，合同其血气，与①雷霆风雨，比类其喜怒，与昼宵寒暑，〔并明〕审死生之分，别同异之迹，节动静之机，以反其性命之宗。所以使人爱养其精神，抚静其魂魄，不以物易己，而坚守虚无之宅者也。

《本经》者，所以明大圣之德，通维初之道，埒略衰世古今之变，以褒先世之隆盛，而贬末世之曲政也。所以使人黜耳目之聪明，精神之感动，樽流遁②之观，节养性之和，分帝王之操，列小大之差者也。

《主术》者，君人之事也，所以因〔作〕任督责，使群臣各尽其能也。明摄权操柄，以制群下，提名责实，考之参伍，所以使人主秉数持要，不妄

---

① 与，如。
② 樽，抑止，节省。流遁，披散。

喜怒也。其数直施而正邪,外私而立公,使百官条通而辐辏,各务其业,人致其功,此主术之明也。

《缪称》者,破碎道德之论,差次仁义之分,略杂人间之事,总同乎神明之德。假象取耦,以相譬喻,断短为节,以应小具,所以曲说攻论,应感而不匮者也。

《齐俗》者,所以一群生之短修,同九夷之风气,通古今之论,贯万物之理,财制礼义之宜,擘画人事之终始者也。

《道应》者,揽掇遂事之踪,追观往古之迹,察祸福利害之反,考验乎老、庄之术,而以合得失之势者也。

《氾论》者,所以箴缕縩縩^①之间,攕揳呝齵之郄也^②。接径直施^③,以推本朴,而兆见得失之变,利病之反,所以使人不妄没于势利,不诱惑于事态,有符曤晲,兼稽时势之变,而与化推移者也。

---

① 縩,高诱注:"绡煞也。"不明其旨,疑有脱误。縩,音义未详;或疑作"縥"(shǎi),衣破也。縩,cài,衣声也。
② 攕,jiān,拭。揳,xié,堵塞。呝齵,wāóu,错梧。郄,xì,孔隙。
③ 施,邪。

要略篇

《诠言》者,所以譬类人事之指,解喻治乱之体也。差择微言之眇,诠以至理之文,而补缝过失之阙者也。

《兵略》者,所以明战胜攻取之数,形机之势,诈谲之变,体因循之道,操持后①之论也。所以知战阵分争之非道不行也,知攻取坚守之非德不强也。诚明其意,进退左右,无所〔失〕击危②,乘势以为资,清静以为常,避实就虚,若驱群羊,此所以言兵也。

《说山》《说林》者,所以窍窕穿凿百事之壅遏,而通行贯扃万物之窒塞者也。假譬取象,异类殊形,以领理人之意,解堕结〔细〕纽,说〔捍〕择抟囷,③而以明事埒事者也。

《人间》者,所以观祸福之变,察利害之反,钻脉得失之迹,标举终始之〔坛〕嬗④也。分别百事之微,敷陈存亡之机,使人知祸之为福,亡之为

---

① 持后者,不敢为主而为客。
② 击危,犹言"违碍"。
③ 堕,解。择,同"释"。抟囷,卷束之名。
④ 嬗,禅让,更替。

得，成之为败，利之为害也。诚喻至意，则有以倾侧偃仰世俗之间，而无伤乎谗贼螫毒者也。

《修务》者，所以为人之于道未淹，味论未深，见其文辞，反之以清静为常，恬淡为本，则懈堕分学，纵欲适情，欲以偷自佚，而塞于大道也。今夫狂者无忧，圣人亦无忧。圣人无忧，和以德也；狂者无忧，不知祸福也。故通而无为也，与塞而无为也，〔同〕其无为则同，其所以无为则异。故为之浮称流说其所以能听，所以使学者孳孳以自几也。

《泰族》者，横八极，致高崇，上明三光，下和水土，经古今之道，治伦理之序，总万方之指而归之一本，以经纬治道，纪纲王事。乃原心术，理性情，以馆①清平之灵，澄彻②神明之精，以与天和相婴③薄。所以览五帝三王，怀天〔气〕心，抱〔天心〕地气，执中含和，德形于内，以莙④凝天地，发起阴阳，序四时，正流方，绥之斯宁，推之斯行，

---

① 馆，寓居。
② 澄，清。澄彻，彻底澄清。
③ 婴，绕抱。
④ 莙，jūn，或作"苍"，藻之叶细如丝者。

乃以陶冶万物，游化群生，唱而和，动而随，四海之内，一心同归。故景星见，祥风至，黄龙下，凤巢列树，麟止郊野。德不内形而行其法藉，专用制度，神祇弗应，福祥不归，四海不宾，兆民弗化。故德形于内，治之大本。此《鸿烈》之《泰族》也。

凡属书者，所以窥道开塞，庶后世使知举错取舍之宜适，外与物接而不眩，内有以处神养气，宴炀至和，而已自乐所受乎天地者也。故言道而不明终始，则不知所仿依；言终始而不明天地四时，则不知所避讳；言天地四时而不引譬援类，则不知精微；言至精而不原人之神气，则不知养生之机；原人情而不言大圣之德，则不知五行之差；言帝道而不言君事，则不知小大之衰；言君事而不为称喻，则不知动静之宜；言称喻而不言俗变，则不知合同大指；已言俗变而不言往事，则不知道德之应；知道德而不知世曲，则无以耦万方；知氾论而不知诠言，则无以从容；通书文而不知兵指，则无以应卒；已知大略而不知譬喻，则无以推明事；知公道而不知人间，则无以应祸福；知人间而不知修务，则无以使学者劝力。欲强省其辞，览总其要，弗曲行区入,则不足以穷道德之意。故著书二十篇,则天地之理究矣,人间之事接矣,帝王之道备矣。其言有小有巨,有微有粗,指奏卷异,各有为语。

今专言道,则无不在焉,然而能得本知末者,其唯圣人也。今学者无圣人之才,而不为详说,则终身颠顿乎混溟之中,而不知觉寤乎昭明之术矣。今《易》之《乾》《坤》,足以穷道通意也,八卦可以识吉凶、知祸福矣,然而伏羲为之六十四变,周室增以六爻,所以原测淑清之道而捃①逐万物之祖也。夫五音之数,不过宫、商、角、徵、羽,然而五弦之琴不可鼓也,必有细大驾和,而后可以成曲。今画龙首,观者不知其何兽也,具其形则不疑矣。今谓之道则多,谓之物则少,谓之术则博,谓之事则浅,推之以论,则无可言者。所以为学者,固欲致之不言而已也。夫道论至深,故多为之辞,以抒其情,万物至众,故博为之说,以通其意。辞虽坛卷连漫,绞纷远缓,所以洮汰涤荡至意,②使之

---

① 捃,jùn,亦作"擅",拾取。
② 此状其词之曲折而广博。坛卷连漫,亦可云"连卷坛漫"。连卷,长回貌;坛漫,纵逸。汰,洗濯、清洗。

要略篇

无凝竭底滞，捲握而不散也。夫江、河之腐胔，不可胜数，然祭者汲焉，大也；一杯酒〔白〕甘，蝇溃其中，匹夫弗尝者，小也。诚通乎二十篇之论，睹凡得要，以通九野，径十门，外天地，捭^①山川，其于逍遥一世之间，宰匠万物之形，亦优游矣。若然者，挟日月而不桃^②，润万物而不秏。曼兮洮兮，足以览矣！藐兮浩兮旷旷兮，可以游矣！

文王之时，纣为天子，赋敛无度，杀戮无止，康梁^③沉湎，宫中成市，作为炮烙之刑，刳谏者，剔孕妇，天下同心而苦之。文王四世累善，修德行义，处岐周之间，地方不过百里，天下二垂归之。文王欲以卑弱制强暴，以为天下去残除贼，而成王道，故太公之谋生焉。文王业之而不卒，武王继文王之业，用太公之谋，悉索薄赋，躬擐甲胄，以伐无道而讨不义，誓师牧野，以践天子之位。天下未定，海内未辑，武王欲昭文王之令德，使夷狄各以

---

① 捭，bǎi，屏去。
② 挟，jiā，周遍，通达。桃，通"窕"。《本经》篇注："窕，不满密也。"即"桃"字之义。
③ 康梁，耽乐。

其赂来贡，辽远未能至，故治三年之丧，殡文王于两楹之间，以俟远方。武王立三年而崩，成王在襁褓之中，未能用事，蔡叔、管叔辅公子禄父，而欲为乱。周公继文王之业，持天子之政，以股肱周室，辅翼成王，惧争道之不塞，臣下之危上也，故纵马华山，放牛桃林，败鼓折枹，搢笏而朝，以宁静王室，镇抚诸侯。成王既壮，能从政事，周公受封于鲁，以此移风易俗。孔子修成、康之道，述周公之训，以教七十子，使服其衣冠，修其篇籍，故儒者之学生焉。

墨子学儒者之业，受孔子之术，以为其礼烦扰而不〔说〕佻①，厚葬靡财而贫民，久服②伤生而害事，故背周道而用夏政。禹之时，天下大水，禹身执虆③〔垂〕臿以为民先，剔河而道九歧④，凿江而通九路，辟五湖而定东海。当此之时，烧不暇㩜⑤，濡

---

① 佻，tuō，简易。
② 久服，言居丧久。
③ 虆，léi，谓盛土笼。
④ 剔，排除。言河水播歧为九以入海。
⑤ 㩜，guī，排去。

不给挖[1]，死陵者葬陵，死泽者葬泽，故节财薄葬，闲服[2]生焉。

齐桓公之时，天子卑弱，诸侯力征，南夷北狄，交伐中国，中国之不绝如线。齐国之地，东负海而北障河，地狭田少，而民多智巧。桓公忧中国之患，苦夷狄之乱，欲以存亡继绝，崇天子之位，广文武之业，故管子之书生焉。

齐景公内好声色，外好狗马，猎射亡归，好色无辨，作为路寝之台，族[3]铸大钟，撞之庭下，郊雉皆呴[4]，一朝用三千钟赣[5]，梁丘据、子家哙[6]导于左右，故晏子之谏生焉。

晚世之时，六国诸侯，溪异谷别，水绝山隔，各自治其境内，守其分地，握其权柄，擅其政令，下无方伯，上无天子，力征争权，胜者为右，恃连

---

[1] 挖，gǔ，擦拭。
[2] 闲，同"简"；简服，谓三月之服。
[3] 族，聚集。
[4] 呴，gòu，雉鸣。
[5] 十斛为钟。言一朝赐群臣之费，三万斛。
[6] 梁丘据、子家哙二人，景公臣。

与^①,〔国〕约重致^②,剖信符,结远援,以守其国家,持其社稷,故纵横修短生焉。

申子者,韩昭釐之佐;韩,晋别国也,地墝^③民险,而介于大国之间。晋国之故礼未灭,韩国之新法重出,先君之令未收,后君之令又下,新故相反,前后相缪,百官背乱,不知所用,故刑名之书生焉。

秦国之俗,贪狼强力,寡义而趋利,可威以刑,而不可化以善,可劝以赏,而不可厉以名,被险而带河,四塞以为固,地利形便,畜积殷富,孝公欲以虎狼之势,而吞诸侯,故商鞅之法生焉。

若刘氏之书^④,观天地之象,通古今之事,权事而立制,度形而施宜,原道德之心,合三王之风,以储与^⑤扈冶,玄眇之中,精摇靡览^⑥,弃其畛挈^⑦,

---

① 连与,犹今言"联盟国"。
② 致,通"质",即质剂,谓两书一札,同而别之,盖即今之券书。
③ 墝,qiāo,土地瘠薄。
④ 淮南王自谓其书。
⑤ 储与,广大貌。
⑥ 楚人谓精进为精摇。靡览,言小大靡不览。
⑦ 挈,qiè。楚人谓泽浊为畛挈。

要略篇

斟其淑静,以统天下理万物,应变化,通殊类,非循一迹之路,守一隅之指,拘系牵连〔之〕于物,而不与世推移也。故置之寻常而不塞,布之天下而不窕。

图书在版编目（CIP）数据

淮南子 / 沈洪选注；张小玲校订. —北京：商务印书馆，2022
（学生国学丛书新编 / 王宁主编）
ISBN 978-7-100-21228-1

Ⅰ.①淮… Ⅱ.①沈…②张… Ⅲ.①杂家—中国—西汉时代②《淮南子》—注释 Ⅳ.① B234.42

中国版本图书馆 CIP 数据核字（2022）第 090550 号

权利保留，侵权必究。

学生国学丛书新编
淮南子
沈 洪 选注
张小玲 校订

商 务 印 书 馆 出 版
（北京王府井大街36号 邮政编码100710）
商 务 印 书 馆 发 行
北京市十月印刷有限公司印刷
ISBN 978 - 7 - 100 - 21228 - 1

| 2022年8月第1版 | 开本 787×1092 1/32 |
| 2022年8月北京第1次印刷 | 印张 7½ |

定价：45.00元